超越

企业如何做强做优做大

TRANSCENDENCE
How Enterprises Become Stronger, Better And Bigger

雷志平　张浩峰/著

中华工商联合出版社

图书在版编目（CIP）数据

超越：企业如何做强做优做大 / 雷志平，张浩峰著. -- 北京：中华工商联合出版社，2018.7

ISBN 978-7-5158-2344-7

Ⅰ.①超… Ⅱ.①雷…②张… Ⅲ.①家庭企业 – 企业经营管理 – 研究 – 中国 Ⅳ.① F279.245

中国版本图书馆 CIP 数据核字（2018）第 124483 号

超越：企业如何做强做优做大

作　　者：	雷志平　张浩峰
责任编辑：	于建廷　臧赞杰
责任审读：	傅德华
封面设计：	周　源
插　　图：	钟　伟
责任印制：	迈致红
出　　版：	中华工商联合出版社有限责任公司
发　　行：	中华工商联合出版社有限责任公司
印　　刷：	北京毅峰迅捷印刷有限公司
版　　次：	2018 年 9 月第 1 版
印　　次：	2021 年 5 月第 3 次印刷
开　　本：	650mm×960mm　1/16
字　　数：	200 千字
印　　张：	13
书　　号：	ISBN 978-7-5158-2344-7
定　　价：	49.00 元

服务热线：010-58301130
销售热线：010-58302813
地址邮编：北京市西城区西环广场 A 座
　　　　　19-20 层，100044
Http：//www.chgslcbs.cn
E-mail：cicap1202@sina.com（营销中心）
E-mail：y9001@163.com（第七编辑室）

工商联版图书
版权所有　盗版必究

凡本社图书出现印装质量问题，请与印务部联系。
联系电话：010-58302915

| 序言 |

改革开放以后,家族企业如雨后春笋般涌出。几十年过去了,不少企业主已成为千万、亿万富翁,他们经营的企业,有些也已成为中国行业的领头军。看似一片蓬勃,可在耀眼的光芒背后,却隐藏着堪忧的隐患和不安。

也许,这个事实说出来有点儿悲伤,可却是必须要面对的:第一批敢想敢干、有勇有谋的企业家们,已经迈入了人生的暮年,到了交接企业的时候。然而,家族企业传承这件事,却进展得极为不顺利。多少家族企业在"富不过三代,企业传不过两代"的"魔咒"中淡出了人们的视线,让所有的辉煌都成为曾经。

传承,为什么如此之难?"魔咒",为什么总是被应验?怎样提升传承的成功率?更进一步,家族企业要如何超越一代企业家的成就,取得持续的辉煌?

这是萦绕在多少人心中的疑问,也是多少人在追寻的答案。

我们不妨把"传承"拆开来看，这样会让问题变得更清晰。

所谓"传"，是传授之意。一代企业家到了一定的年纪，体力精力都不够了，而内心还希望家业长青，必然要将企业传给接班人。此时，就引发了一连串的问题：企业要传给谁？给职业经理人还是子女？有多个子女继承，家业要不要分、怎么分？企业传给子女，是否就能延续下去？传递财富的同时，还要传递什么？这些，都是一代企业家需要思考的问题。

所谓"承"，是继承并发扬光大之意。然而，不是父辈们想要传，子女就一定愿意接、一定能接住。承与不承，牵扯到个人意愿、能力和家族责任，两者之间须有取舍。选择承，该如何扛起这份重担？如何超越父辈的光环？怎样在新环境下带领企业发展？每一道题，都是一份沉重的责任。

当"传"与"承"结合起来，进入接班的过程中，代际的矛盾又会爆发。

两代人的生活环境、教育背景、个人阅历都不同，意见发生分歧时该如何沟通？一代企业家放权后，是否能彻底放心？当传承遇到转型该如何应对？"少主"与企业"老臣"之间要如何相处？企业发展理念出现分歧，如何才能保证企业超越以往，百尺竿头更进一步？

上述的种种问题，都是一代企业家和二代接班人当下迫切需要思考和解决的问题。遗憾的是，不少民营企业家在传承和发展的问题上，还没有详细的规划；二代接班人在这个特殊时期，也不知道该做什么样的准备。鉴于此，笔者策划并撰写了《超越》这本书。

这本书的主旨，是把家族企业传承和发扬光大的重要性、传承面临的困境、代际的磨合等问题，借助一个个真实的案例呈现出来，有正面的，也有反面的，让一代企业家和二代接班人对传承之事有深刻的了解，能够重视这件事，并尽早做好规划。

家族传承是一个庞大而系统的工程，需要建立一套科学、合理的传承制度。愿本书可以为陷入传承困境中的企业经营者带来一点儿帮助。哪怕其中的一个案例，一句话，能够给读者带来触动和启发，便是此书的价值所在，亦是给笔者最好的回馈。

谨以此书，献给所有的一代企业家，以及即将扛起家族企业大任、努力超越前辈的继承者们！

| 目录 |

◆ 上 篇

超越之基：突破传承困境

传承陷困境，后继无人找妙招 / 003

传承治理一边是血脉，一边是制度 / 010

任人"唯亲"或"唯贤"并非一个硬币的两面 / 020

家族企业绕不过去的"坎儿" / 029

人生总有起落，精神不可遗失 / 039

家和才能企业兴 / 053

在巨富中死去是一种耻辱 / 061

传承有风险，未雨绸缪是关键 / 071

◆ 中 篇

超越之柱：不忘本来，开辟未来

欲戴皇冠，必承其重 / 087

努力成为别人永远是一件让人精疲力竭的事 / 101

传承与创新都是永恒的主题 / 107

从 0 做起,而不是从 1 做起 / 114

离开,不意味着"背叛" / 121

能力与素养是传承与超越的两大支柱 / 128

再出发——继承使命,二次创业 / 134

◆ 下　篇

超越之巅:冲破迷思,永续经营

"舍权"才能"得人" / 145

上下同欲者胜 / 156

恋爱是两个人的事,婚姻却不一样 / 168

打破代际沟通的困惑 / 178

礼法并重,增进少主老臣信任度 / 187

后记 / 198

附:参考文献 / 199

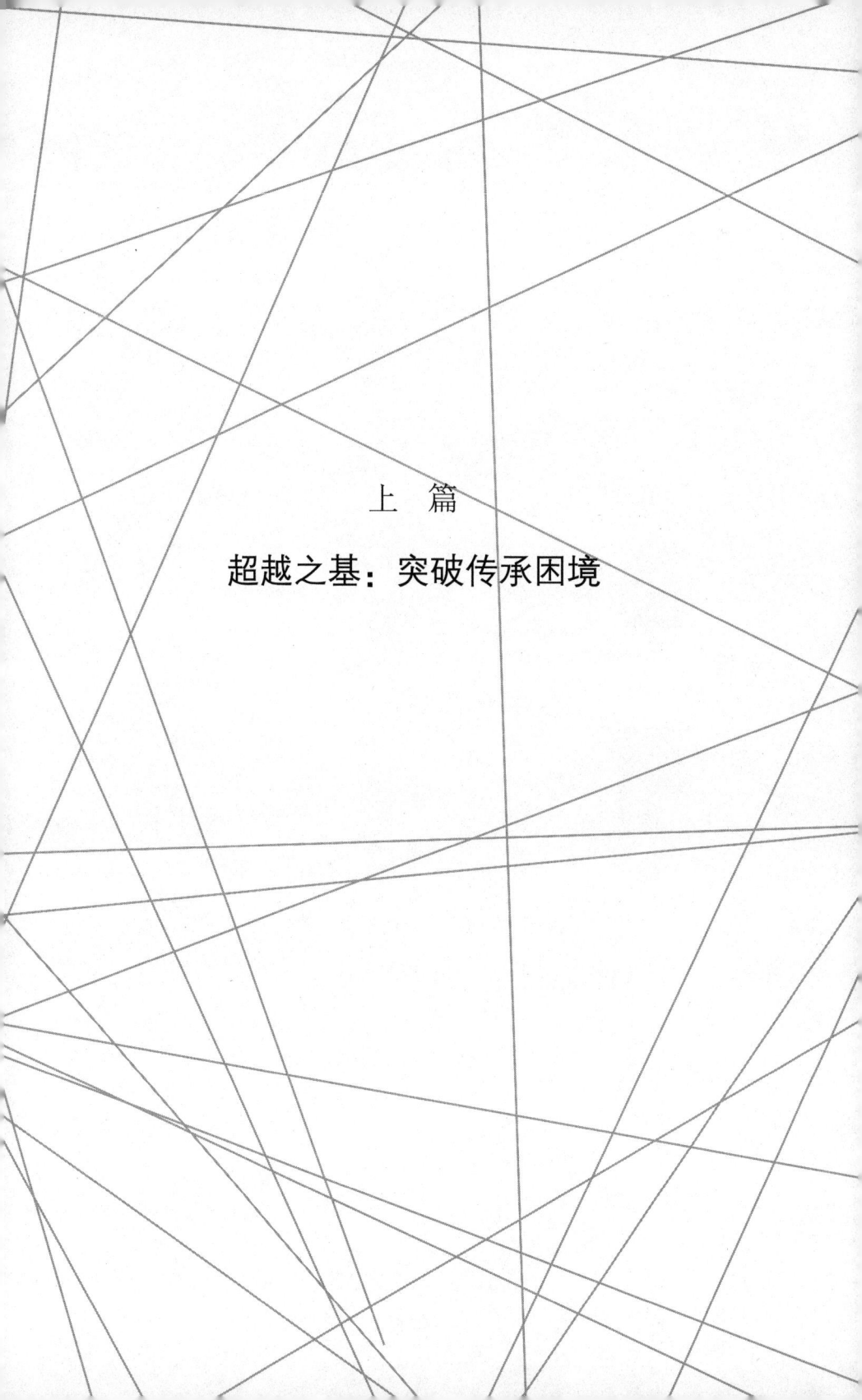

上 篇

超越之基：突破传承困境

传承陷困境，后继无人找妙招

什么是家族企业？简单来说，就是资本或股份主要掌控在一个家族手中，由家族成员担任企业的重要领导职务的企业。

中国改革开放之后，家族企业的种子在华夏大地处处开花。经过几十年的发展，有些家族企业已经成为中国行业的领头军。

然而，在家族企业蓬勃发展的背后，也藏着令人心忧的隐患和不安。第一批企业家大都生于20世纪40~60年代，现在他们都已迈入了人生的暮年，到了子承父业的时候。这就意味着，家族企业的"交接班时代"到来。对于许多只有几十年历史的中国家族企业来说，如何传承和超越发展，也成了商界空前关注和亟待解决的问题。

波士顿家族企业研究协会的数据显示：30%的企业能够成功传到第二代，10%能够传到第三代，能够传到第四代的只有

3%。照此说来,"富不过三代"也不只是一句俗语,它充分说明了企业传承和超越发展的艰难和复杂。

方太集团的创始人、宁波家业长青接班人学院院长茅理翔,在接受媒体采访时说:"我始终感到培养接班人比自己创业更重要。在未来五年至十年,将有一部分家族企业在交接班中消亡……民营企业交接班绝对算得上企业的一道生死坎儿,影响力远远超过金融危机。"

为什么中国家族企业交接班如此之难呢?这要从几个方面来说:

其一,决定基业长青的关键因素——企业家精神,不易传承。

我们都知道,财产、技术、知识、管理等内容比较好传授给二代接班人,但是开拓、创新、果敢、决策力、抗压力、抗风险等隐形的能力,却是难以言传身教的。然而,对于一个企业来说,恰恰是后面的这些企业家精神,才是决定基业长青的关键。

其二,一代企业家想交班,二代继承者难接力。

当前,家族企业面临的一个重要问题就是,很多二代继承者明确表示不愿意接班,至于为什么不愿意担任企业未来的管理者,情况不一。

情况1:二代继承者不愿意接班。他们大学毕业,有自己的特长,并找到了合适的工作。他们不愿意放弃自己的专业,认为自己并不适合做生意，不熟悉企业的经营管理，也不太喜欢父辈现在所从事的行业，因而不想接班。

情况2：二代继承者只想做副手。他们在家族企业中工作了一段时间，也担任了部门主管等职务，但他们并不想成为企业的接班人。在他们看来，市场竞争十分激烈，想要胜任太难，不如将这份大任让给贤者，自己当一个副手就足够。

情况3：二代继承者的能力有限。他们有接班的意愿，但自身能力不足，家族成员也不同意，认为他们水平有限、没有远见，很难把家族企业经营好。

情况4：二代继承者不思进取。他们不成器、不靠谱，总是一副吊儿郎当的模样，终日无所事事，挥霍无度，只愿享受父辈创造的财富，没想过担负起承接家族企业的责任。

二代继承者不愿意接班，不只是中国家族企业特有的问题，它一个世界性的问题。在欧美、日本等国家同样存在。家族企业的二代继承者往往在学习经历上比一代更胜一筹，这些接受过良好教育的二代继承者，很多想尝试一下自立门户。同时，由于不同的生活经历，使得他们在很多事情上跟父辈的看法有分歧。这些因素的共同作用，导致了二代继承者不愿接班的局面。

均瑶集团的董事长王均金曾说："企业如果要传承，先要在小孩身上下功夫。"对任何一个家族企业来说，想要基业长青，都必须及早地制定接班人计划。正所谓："凡事预则立，不预则废。"唯有让接班人及早地从基层开始磨砺，培养能力，熟悉并认可企业，达到能力、意愿与企业统一，才能未雨绸缪，保持企业的持续发展，进而取得超越以往的成就。

有专家建议，企业至少要在现任高层管理者计划退出企业管理前4年就开始着手实施高层接班人计划。通用电气的前CEO韦尔奇，花费了7年的时间斟酌挑选他的接班人。至于如何制定接班人计划，如何选择培养接班人，我们在此简单列出一些建议，仅供参考。

第一，让接班人系统接受现代管理知识和理念的教育，弥补家族企业创始人管理理论知识的不足，提升二代接班人的管理水平。

第二，对接班人进行全面评估，看其是否具备企业家的职业素养，如诚实守信、责任感、勤奋实干、审时度势、机智果断、抗压能力强、勇于开拓、具备专业能力和管理能力。

第三，选择合适的培养模式。比如，分权给几个预备接班人，让他们共同参与重要决策，几年后从中选出正式的接班人。再如，开辟与传统业务完全不同的业务给接班人操作，借助这个平台，让接班人培养自己的队伍，积累经验。最终，再让他来整合传统业务，可降低直接接手操作的难度。

第四，设计对接班人的帮扶路线，提升二代接班人各方面的素养，让其更好地抵御市场的狂风暴雨，增加对抗磨难的能力，增加成功的可能性。尽可能让接班人从基层工作做起，增加对产品需求和市场的敏感度。

交接班是企业的一道生死坎儿

养子继承制：日本家族企业的奇葩传承制度

"宁愿把继承权传给外人，也不能传给能力低的亲生儿子。"为了防止嫡系子孙因能力不足导致家业衰败，很多日本的家族企业信奉这样的传承理念。

日本成人收养制度有两种基本的形式：一种是家族企业的家长在没有男性继承者、只有女儿的情况下，招女婿进门，让其继承家业，即"婿养子"；另一种是家族企业的家长虽然有直系血缘的男性继承者，但其能力不足，所以收养其他人为养子。通常是从家族企业里最有前途的高层经理人中选拔，在履行法律收养手续时，养子将自己原来的姓氏改为新家庭的姓氏，发誓效忠于新祖先。

松下幸之助的名字，多数人不陌生，他在9岁时去大阪船桥做学徒。大阪船桥商人有一个特殊的习惯，如果生了女儿或女儿初潮时，就会煮一碗红饭庆祝，庆贺自己有了选择"新儿子"的机会。这个"新儿子"，说的就是"婿养子"。

松下幸之助在传承企业时，采用的就是"婿养子"模式。他将女儿的丈夫平田正治收为养子，更名为"松下正治"，让其担任松下集团的第二代掌门人。松下正治毕业于日本东京帝国大学法学部，1940年与松下幸之助的女儿松下幸子结婚。1971年，他出任松下电器产业株式会社社长，1977年担任董事长。

外界在评价松下正治时表示，他不但继承了岳父的经营思想，且创造了新型持续增长的经营模式。此外，他还是一位著名的经济学家，撰写了大量的经营理论著作。松下正治退休后，担任松下电器名誉会长，直至2012年病逝，享年99岁。他将松下推向了世界，将其打造成国际知名品牌。

日本铃木公司的现任掌门人铃木修，1953年毕业于中央大学，之后被铃木家族的家长看中收为养子。1958年，他与铃木家族的长女结婚，被岳父安排进入铃木家族企业的核心层，直至继承整个家族企业，担任铃木公司的CEO、主席和家长。后来，他在传承时也采用了"婿养子"的方式，把家族企业传承给自己的女婿小野孝。只是，小野孝英年早逝，铃木修后又担任铃木家族的主席和CEO。

丰田集团的创始人丰田佐吉有亲生的儿子，但在传承时他还是采用了"婿养子"的模式，把自己的女婿儿玉利三郎收为养子，更名为"丰田利三郎"。这位继承者在丰田佐吉创建的丰田纺织的基础上，打造出了丰田汽车公司。

这种超越血缘的"养子"继承模式背后，深藏着日本人对"家"的理解。

日本社会所理解的"家"，不仅仅是同一屋檐下生活的几口人，而是超越血缘的共同体。可以说，这种不拘泥于亲生子、超血缘的"养子"继承模式，既确保了企业能够传给相对优秀的职业经理人，又兼顾了东方文化重视家族薪火相传的文化习俗。

由此看来，对家这样的理解，也成为日本企业有那么多"百年老铺"的奥秘之一。

从这个层面上来说，日本超血缘的养子制度也是值得中国家族企业学习的。

传承治理一边是血脉，一边是制度

中国家族企业的传承与超越面临的第一大绊脚石是什么？

一提到这个问题，很多人立刻就会联想到"独生子女政策"，即继承者太少。换而言之，如果能够多一些子女，那么家族企业必然可以顺利地延续下去。

事实真是这样吗？未必！这就好比，古代的皇帝大都有多个皇子，他可以从中去挑选自己比较中意的、品行能力相对优秀的那一个来继承自己的皇位，但不代表他所选择的这个皇子，就真的适合作为一国之君。我们企业的继承也是如此，多个子女只代表你可以从中去选择，但不代表你一定能选出合适的接班人。

英国有一个声望显赫的家族，他们这一代嫡系有五个子女，旁系有二十几个，可谓是一个庞大的、人口众多的家族。按照多数人的思维逻辑，这么多后代晚辈，总有一个适合管理家族企业的人选吧？然而，他们的选择却出人意料，他们从外面聘请了一个人来担任 CEO。

从这一点上不难看出，成功的家族企业传承，不一定要靠多子多孙。王永庆曾经说过："让下一代接班是早晚的事，只要有制度就好。"

那么，制度到底有多重要？

从 4 世纪的罗马皇帝君士坦丁大帝接受基督教并将之定为国教后，基督教的一些教规逐渐从日常生活习惯延伸到各个领域。从格里高利六世开始禁止纳妾，提倡一夫一妻制。这个观念在现在看来很普遍，可在当时只有基督教徒才会遵守。在那个时代，世界上的很多地区，有着与近亲或兄弟的遗孀结婚、可以纳妾等婚姻传统，这能够保证财产始终在家族内流动，家族将永远控制代代相传的财产。

这，都是制度的力量。

家族是人类最早的集体单位，家族制度也是人类最早出现的组织制度。家族制度的构建是家族企业延续的基础，好的制度不但能够保证传承的顺利，更能确保企业良性发展。如果你认真研究欧洲那些有三代以上历史的家族，你会惊奇地发现，那些延续上百年的家族，不是依靠子女多少而成为经营永续的赢家，而是建立了一些基本的制度，以此来保障企业的传承与超越发展。这些制度解决了传承中最大的两个问题——人与钱。

在此，我们可以介绍几种常见的、有效的制度：

其一，独立董事制度。

谈到独立董事制度，我们往往会想到上市公司。事实上，这些家族企业也选择了类似的模式，但他们在聘请独立董事时有一个特殊的标准，那就是必须有钱有势。为什么要提出这样的条件呢？

事实上，选择有钱有势者的原因就在于，他们在经济上很富足，手里有足够的金钱，不会轻易就被家族内部或外部的某个派别用金钱收买。与此同时，他们有一定的名气和声望，会慎重地为家族企业做决策，谁也不想因为胡乱的决策而影响到自己的名声。

这个独立董事在家族企业中负责什么呢？

职责之一：调解分歧与矛盾，协助做出统一的决策。

家族企业的董事会通常由六个人组成，家族董事占两人，执行董事占两人，独立董事占两人。独立董事主要负责参与家族企业日常的战略规划和决策，在这个过程中，如果家族董事和执行董事的意见一致，就算独立董事有意见，也不会被采纳。如果家族董事和执行董事在某个问题上看法不一，产生了分歧，这个时候，独立董事就发挥作用了，他们要做出一个判断，而另外的两方要听取独立董事的意见。

职责之二：挑选新的接班人，做出公正的选择。

在独立董事任职期间，如果出现了更换 CEO 的情况，独立董事就要担负起挑选新 CEO 的职责。这个 CEO 可以从家族内部选择，也可以从外部聘请，但最终的任选必须得到董事会六名成员的共同认可。

在选择新 CEO 的过程中，独立董事的身份、实力、社会地位就凸显出了优势和重要性。那些试图用贿赂的方式获得 CEO 职位的人，愿望可能要落空了。因为独立董事不属于家族成员，且都有钱有势，很少会因为候选人的贿赂而营私舞弊，这就有效地保证了独立董事能够做出公正的选择。同时，执行董事由于受到利益的牵制，也会尽心尽力地去选择。这就为选择出真正合适的新 CEO 奠定了基础。

其二，CEO 激励制度。

外聘的 CEO 能跟家族企业一条心吗？这是很多企业经营者担心的问题。欧洲的许多家族企业为了最大限度地缓解外聘 CEO 与家族的利益冲突，通常会让 CEO 持有公司的股权，并将股权收益作为他们的主要来源。但是，当 CEO 离开企业时，这些股权是会被回购的。

那么，股权回购的价格如何来定呢？如何评价外聘 CEO 是否发挥了他的价值，并对他的付出给予匹配的回报呢？

在这方面，许多家族企业选择按照投资收益率来确定回购的价格。当 CEO 入职时，家族企业会以同类型上市公司的投资收益率作为参考，设定一个目标收益率。

当 CEO 离开企业时，如果没有达到这个目标收益率的话，那么很抱歉，股权就算作废了。如果企业达到或超过了该目标收益率，也就证明他们发挥了 CEO 的价值，则按照最终收益率来确定回购价格。不过，企业回购了 CEO 持有的股权之后，CEO 只能先拿到一半的钱。他必须帮助企业选择好接班人，并做好辅助工作，等接班人上任一段时间后，才能拿到剩余的钱。

这些家族企业的 CEO，有没有一个任期呢？

当然有，期限通常由各家族自由把握。在任期中，如果 CEO 出现了违法乱纪的行为，立刻就会被解聘。CEO 在上任时都会制定一个战略目标，倘若任期过了一半，这些战略还没有实现，那么 CEO 的能力就要面临质疑，很有可能会被替换掉。倘若中间的一两年没有完成既定目标，或是外部大环境发生了变化，如经济危机、自然灾害等不可抗力因素，那么责任就不全在 CEO，他也不会被解聘。

家族成员担任 CEO，和外聘 CEO 的待遇没有区别。他能够获得一定的股权，按时领职位工资，可如果要卸任的话，股权也是要收回的。而且，此时的他是执行董事，不是家族董事。这样的安排是为了保证内外统一，就算是自己人出任 CEO，也没有额外的收益。

其三，信托制度，确保家族财富的合理使用。

提到信托，我们最先会想到信托银行或信托公司，但这里说的信托却是另有所指。家族企业的创始人将自己的意志通过有限责任公司的形式，写入公司的章程，之后将章程与家族财富信托给第三方机构。

为什么家族企业的创始人要这样做呢？其实，他们最终的目的就是，避免家族财富被无度挥霍滥用，规定家族财富的使用途径和条件。一般来说，家族财富主要用在以下几个方面：

第一，保证家族成员能够维系正常的生活。家族每个月都会给成员发一笔钱，数目差不多是最低工资的两倍到三倍，这些钱不能让家族成员大富大贵，但可以给予他们基本的保障，过上不低于平均水平的生活。

第二，为想创业的家族成员提供启动资金。家族成员有选择的自由，可以在家族企业里做事，也可以自己创业。如果选择创业的话，家族会提供一笔启动资金，数目依情况而定，但每个人一生只能够领取一次。如果创业成功，家族企业不会追加投资，想要扩大规模的话，要靠自己去融资。虽然家族企业不会干涉创业的项目，但是对于资金的流向却会进行严格的监管，要确保这笔钱是真的用在创业上，而不是随意挥霍掉。

第三，防止家族资金投资过于集中，规避系统性风险。把家族财富交给第三方机构管理，且分散给多个管理人，成为基金背后的母基金。采用这种分散配置的方式，也是为了避免出现系统性风险，很多成功的家族企业用这种方式来保证持续经营。

第四，为家族成员中有能力接受更多教育者提供教育金。

家族成员中，谁若有能力接受更好更多的教育，并获得录取通知书，信托执行人就会为其提供学费和生活费，确保家族成员有条件接受更好的教育。

家族的传承中，涉及文化方面的问题，然而文化体系是没有办法用制度来形容的，但对于人和财富的管理，却可以依靠制度来规范。欧美家族企业的管理模式，在很多方面值得中国的家族企业借鉴，如实行财产所有权和经营权分离，淡化家族制，让职业经理人去管理经营企业，从人治走向法治等。他们在没有继承者的情况下，把自己的所有股份售出，或是共同股份减持使家族成为普通股东，和其他股东一样，需要依靠投票和竞争才能进入企业的董事会。

在制度管理方面，中外的家族企业差异显著。中国的家族企业很多停留在靠人治理的层面上，根本不是依靠制度管理，个别家族企业甚至没有这方面的意识。对于中国的家族企业来说，改革的重点就是——管理制度化，用正常的管理关系代替"家"的观念，通过改造家族治理结构，淡化家族制，实现所有权家族化、经营层社会化、股权公众化。

总而言之，家族企业不能仅仅依靠个人的力量去经营企业，而是要用制度来管理企业。在转型的过程中，不能盲目崇拜那些和自己实际情况不相匹配的经营管理理念，要在适当的时机推动家族企业的社会化，把封闭的家长式企业逐步改变为开放的法治企业。另外，也不要一下子就彻底采用现代企业制度的管理方式，要循序渐进，让企业和人员逐渐地适应，在保证稳妥的基础上磨合着前行。

辉煌百年依然难逃覆灭的命运

在欧洲最显赫的银行家族中，巴林家族是一个不可忽视的名字，它创造的近代跨国银行网络模式，成为罗斯柴尔德家族的效仿对象。

法国首相曾把巴林家族誉为欧洲的第六强权，它富可敌国，将英国王室发展成自己的客户，家族先后获得五个世袭爵位，简直史无前例。可谁会想到，这个闻名于商界和政界的庞大金融帝国，最终竟也没能传承到底，落得一个灰飞烟灭的结局。

巴林银行的家族历史可追溯到15世纪晚期，家族的奠基者是约翰纳·巴林，他原本是新教的神职人员，后通过婚姻继承了当地最好的羊毛加工厂。通过商业联姻，他做起了外贸生意，为家族攫取了第一桶金。

继约翰纳之后，次子弗朗西斯·巴林在经营方面展现出惊人的天赋。他开始扩大经营领域，从事染料、胭脂、钻石等业务，并开始在其他地方设立经营机构，开创了全新的经营模式，赚取了高额的利润。

1763年，弗朗西斯在伦敦建立了家族式的银行业务公司，这一转型遭到了家族的强烈反对。次年，他与其他家族成员分道扬镳，获得家族业务伦敦分支的所有权。当时的经济环境还不错，他借此带领巴林家族走进了金融界。

从1792年开始，巴林银行资助英国对抗美国革命，在拿破仑法国战事中也发挥了重要作用。随后，公司改名为巴林兄弟公司。此时，一个连接欧洲的资金流、物流和信息流的金融网络诞生了。

18世纪末和19世纪初，英国战事频繁，军费开销巨大，国债发行量剧增，这给巴林银行家族带来了巨大的利润。1806年，弗朗西斯的儿子亚历山大加入公司，继承了父亲的一贯作风，参与向英国政府提供对抗拿破仑的融资交易，又赚得一大笔钱。1815年，拿破仑战败，巴林银行赚得72万英镑，社会地位也显著提升。

亚历山大认为，只有成为政治家晋身为统治阶层的一员，才能把家族利益和国家利益捆绑在一起。于是，他开始让子女与贵族联姻，获得贵族地位。很明显，这个时候，巴林家族的后代已经对事业丧失了热情。

自此之后，巴林银行开始依靠职业经理人和合伙人经营。19世纪末，家族成员的出格行为几乎让巴林银行破产，幸好有英国政府的援助，才得以重生。危机过后，巴林银行更加依赖非家族的管理人才，到后来演变成专业人士通过被收养成为家族成员而参与经营。到了20世纪中期后，变成了家族成员与非家族成员轮流成为决策者。

其间，非家族成员安德鲁·塔奇主导巴林银行进入证券业，并通过一系列并购成立了巴林证券。结果，巴林证券旗下的巴林远东证券公司主管与合伙人克里斯多弗·希斯拼尽全力拓展亚洲新兴市场的业务，不惜花费重金聘请有胆识的年轻人，鼓励他们去从事高风险交易。

1995年，风险交易员尼克·里森，在高风险的衍生品上投资失败，利用客户账户提高赌注，希望能够扭转局面，没想到再次失利。这一失利，直接把巴林银行拉入深渊，导致这间在商界矗立了250年的银行，因亏损8.5亿英镑而破产。

由此可见，就算是在先进的西方国家，有强大的法律作为支撑，也无法确保股东利益。就算跟经理人的合约，制定得再精细，也有可能被架空、被操纵。所以说，职业经理人不是现代企业模式的标志，想让家族企业永续经营，家族后代必须要肩负起责任，不能完全依赖职业经理人。

任人"唯亲"或"唯贤"并非一个硬币的两面

对多数家族企业的创始人来说,在交班时面临两个选择:第一,两权合一,把企业的产权和治理权全交给自己的后代;第二,两权分离,只把全部或部分的产权传给后代,将治理权交给家族以外的职业经理人。

受中国传统文化的影响,老一辈的创始人大都选择"子承父业"的模式,不少成功的家族企业顺利接班的案例,也让业界认为,这种模式是最稳定的财富交接方式。据资料统计显示,中国1000多万家民营企业中有80%的是家族企业,而这些家族企业中有超过90%的创始人倾向于选择自己的下一代作为接班人。

"子承父业"的接班模式是一种美好的愿景,却有很大的局限性。

在用人方面,企业首先想到的都是自己人,而这种情结把有才能的社会精英挡在了门外,无法给组织补充新鲜血液。一味地坚持"传子(亲)不传贤",可能会把家族企业带入困境,甚至导致家族企业的衰亡。

管理大师德鲁克在谈到家族企业管理必须遵从的原则时强调:"随着企业规模的扩大,家族企业越来越需要在关键位置上安排非家族成员的专业人才。"

照此看来,家族企业今后必须要依靠经理人和专业人才了,可这样的选择,真的能让人放心吗?事实上,这条路与"传子"相比更为艰险。有些思想开明的企业家,花费重金聘请职业经理人担任要职,可职业经理人最后却私下非法转让股权,架空董事长。这样的做法实在令人胆战心惊,也让许多原本有意"传贤"的企业家心生疑虑。

职业经理人制度之所以能够在西方盛行,并且运作得较好,是因为西方社会早已在20世纪70年代就完成了经理人革命,经理人有自己的职业道德和行为规范。倘若他们因为业务问题或道德问题被企业辞退,由于信用制度透明化,他们今后很难再被其他企业录用。我国目前的社会信用制度还不发达,职业经理人制度也不完善,相关法律不够健全,这些因素都增加了企业"传贤"的风险。

所以说,"传子"还是"传贤",向来都不是黑白分明的,各有利弊。对一代创始人来说,无论做哪一种抉择,都应当遵从一个原则:科学分析,对症下药,企业利益排第一!

在家族管理的企业中，重要的不是家族，而是企业。只有家族服务于企业，两者才能够同时生存和发展，倘若让企业经营服务于家族，很有可能会两败俱伤。

生于美利坚，死于家天下

提起国产的电脑品牌，很多人立刻会想到"联想"，几乎不会有人说起王安电脑，尽管它曾经能跟IBM相媲美，还曾叱咤于美国电子市场，可现在的它早已经销声匿迹，淡出了人们的视野。

王安电脑的创始人是华人王安，毕业于国立交通大学（今上海交大、西安交大前身）电机工程专业，后到哈佛大学攻读物理学博士学位。在获得博士学位之际，他在磁芯领域已有34项发明专利。之后，他加入了霍华德·阿肯的"哈佛计算实验室"，发明了"磁芯记忆体"。

三年之后，王安离开哈佛大学，以600美元创建了王安实验室，后将磁芯记忆体的专利卖给IBM，获利50万美元。这笔钱都被他用在了研究上，后推出了最新的用电晶体制造的桌上电脑，并开始王安电脑公司的辉煌历程。

20世纪80年代中期，王安电脑迎来了它的巅峰时刻，年收入高达30亿美元，全球各国雇用的员工共有3.15万人，他以20亿美元的个人财富荣登美国十大富豪榜。

在创业的20多年里，王安倾向于家族式管理模式。然而，随着王安电脑的发展,他也在一点点地老去,接班的问题迫在眉睫。他在用人策略上主张唯才是举,一时间汇聚了不少美国优秀的科技、管理人才。可是,在谁掌管王安电脑公司的问题上,他还是倾向于选择自己的儿子王烈。

1986年11月,王安任命36岁的儿子王烈为王安公司的总裁。公司众多董事和高管们都反对这个决定,因为王烈是一个训练有素的数学家,而不是一个优秀的企业管理者,甚至不是一名优秀的技术人才。

可是,王安认定了要"传子",听不进劝言。果然,在王烈接管企业之后,王安电脑的研究部门业绩平平,甚至三年前宣布推出的十几款产品都没有问世。不仅如此,王烈上任之后,王安公司的两位得力大将先后离职,一位是当年暂时提拔为王安电脑公司总裁的约翰·坎宁安,另一位是提出了"终端服务器网络"的哈罗德·科佩尔。

人才的流失给王安电脑公司带来了重创。如果王安当初采用了科佩尔的产品研发建议,那么王安电脑就可能冲出小型机与数字处理领域,而成为商务计算机市场中的佼佼者。遗憾的是,王烈才识平庸,缺乏果敢的魄力,在接管王安电脑之后不久,就让董事会大失所望。

在王烈接管王安电脑一年多的时间里,公司竟然亏损了4.24亿美元。1989年,王安电脑公司陷入现金流断裂的困境,而王烈却没有拿出可行的经营策略来扭转局面,他认为"我们拥有30亿美元的年销售收入，不可能垮台"。

然而，事实却告诉他，他错了。王安电脑公司深陷在巨额的债务中，公司不得不面临违反银行债务协定的危险，就算能够重组巨额债务，规模也会锐减，且无法再继续从事电脑行业。此时，创始人王安已经处于病危之中，他不得不忍痛割爱，宣布王烈辞去王安电脑公司总裁一职，外聘前GE总裁理查德·米勒担任此职。

理查德·米勒有过拯救濒危公司的成功案例，可这一次，他却辜负了众望，因为他不太了解电脑行业，对客户许下的承诺是难以兑现的，进而降低了王安电脑公司在客户中的声誉。

1990年3月24日，王安因癌症去世。在他病逝之后，王安电脑每况愈下。1992年6月底，王安电脑的年终盈利降至19亿美元，市值也从56亿美元跌至不足1亿美元。两个月之后，王安电脑宣布破产，一个辉煌的电脑帝国就这样坍塌了。

王安电脑的失败源于，在企业交班的问题上，王安坚持"子承父业"的模式，却未考虑接班人王烈的实际情况，这为王安公司的衰败埋下了伏笔。这颗"巨星"的陨落，值得中国家族企业反思。

IT界的神话：从成功传承，到成功隐退

"无论是一小步，还是一大步，总是带动世界的脚步。"

你可能没有用过 IBM 的电脑，但你肯定听过这句广告词。IBM 是 IT 行业中的先锋，而它在家族企业传承方面，也是一个成功的典范，这个传奇背后的成功因素，对中国家族企业是一个指导和借鉴。

IBM 的创始人是托马斯·约翰·沃森，他没有显赫的家族背景，就是一个不知名的农民的儿子。他早年在美国"全国收款机公司"担任推销员，1914 年进入计算制表记录公司担任经理。这家公司主要生产天平、磅秤、计时钟和制表机等。由于前任不擅经营，公司成立不到三年就已经负债累累。沃森很看好这家公司的产品，虽然只出任一个小小的经理，可他发挥了推销大师的精神，用成绩征服了所有人。

第一次世界大战之后，制表机的需求量大增。沃森适时地推出了新型的打印——制表组合机，结果广受欢迎。1919 年，公司的销售额高达 1300 万美元，利润也升到 210 万美元。1924 年，身为总经理的沃森决定将公司更名为国际商用机器公司，简称 IBM。

此后，沃森开始了他和 IBM 融为一体的 32 年生涯。作为 IBM 的创始人，沃森自然也要面对传承的问题。和许多二代一样，他的儿子小沃森，对父亲经营的 IBM 没什么好印象，他很不喜欢那些浓烈的烟雾、噪声和刺鼻的金属气味。

1937 年，小沃森到 IBM 销售学校学习，两年后学业结束，他成为正式的销售员，但他的心思并不在工作上。他总说：

"我不能让IBM支配我的生活。"

"二战"爆发后，小沃森离开IBM，加入国民警卫队。军队的生活，让小沃森得到了锻炼，也给了他信心。随后，他又回到IBM，并以出色的业绩扭转了原来的形象。然而，父子之间有不同的管理理念，这让他们不断产生分歧和冲突，但他们各有各的长处，仍不失为一对令人尊敬的父子拍档。

小沃森从父亲那里学到了管理的经验，高度重视销售队伍，并坚持做对公司长期有利的事情，且实行门户开放政策，这都给IBM带来了巨大的收益。1956年5月，老沃森正式将IBM交给小沃森打理，IBM也从机械时代走向了电子时代。

小沃森在父亲创造的平台之上，进行了传承与创新。1961年，小沃森引领IBM进行了一场"豪赌"：投入50亿美元、6万名员工、5个新工厂，研发兼容机"IBM360系统"。最终，小沃森成了赢家。

在小沃森掌管IBM的20年里，IBM的平均年增长率为30%，这是世界上绝无仅有的，他的父亲也没能做到。可以说，小沃森不仅把IBM变成了一个知名的企业，更是把计算机从政府部门和军方带到了民间，让它的功能从科学计算变成了商用。

小沃森不仅把创新作为企业传承的基因，还将其与资本有机地结合起来。这是IBM传承成功的一个重要原因。另外，IBM在传承方面实行的科学与民主管理，也是不可忽略的成功因素。

当IBM发展到一定规模后，小沃森并没有唯我独尊，独断专行。他意识到，父亲在管理IBM时有一些盲点，限制了高级管理人才的发展。这种方式显然已经不能适应IBM将来的发展要求了，于是他建立起一套完善的组织架构和专业化的管理方法，使IBM走上了现代企业之路。这样的变革，最大限度地发挥了高级管理人员的价值，也为IBM培养出了大量合格的职业经理人和接班人。

沃森家族的成功传承告诉我们，家族企业的传承，既可以传子，也可以传贤。小沃森在56岁时，决定放弃CEO的职位。从20世纪70年代起，沃森家族逐渐淡出IBM，只剩下小沃森的儿子托马斯·约翰·沃森三世负责管理家族基金。

1971年以后，IBM开启了职业经理人时代，它从家族企业彻底转型为由职业经理人打理的公众公司。事实证明，传承给职业经理人，也未必是错误的抉择。1993年，郭士纳临危受命，出任IBM的首席执行官。两年后，他提出"以网络为中心的计算"，成功地将IBM从一个计算机硬件公司转型为一个以服务和软件为核心的服务性公司。在他掌权IBM期间，公司的股票上涨了1200%。

在郭士纳之后，接班人彭明盛又提出"智慧的地球"战略，通过超级计算机和云计算将"物联网"整合起来，实现人类社会与物理系统的整合。从2012年开始，罗睿兰接任

CEO，成为这家 IT 公司的第一位女 CEO。她有着敢于改变和乐于改变的心态，而这与正在转型中的 IBM 不谋而合。

　　IBM 的发展，经历过传子的阶段，也经历了传贤的尝试。事实证明，只要把企业的利益放在第一位，有完善的制度和管理战略作为保障，两种选择不存在对错好坏之分。

家族企业绕不过去的"坎儿"

电视剧《大宅门》讲述了中国百年老字号"百草厅"药铺的兴衰史以及医药世家白府三代人的恩恩怨怨,里面有不少可圈可点之处。大家可能还记得,里面有这样的几处桥段:

白家遇到了危难,三爷白颖宇就吵吵着散伙分家,闹了几次都被当家的二奶奶制伏,之后就不再提分家这码事了。可是,他背地里并没有闲着,而是在大宅门之外买了外宅,悄悄地转移了资产。到了白家的第四代、第五代,老一辈的权威已经镇不住他们了,这些后辈晚生终日钩心斗角,都想自己多分得一些财产,甚至不顾兄弟之情。

艺术源自生活。走出电视剧,看看现实的情形,就会赫然惊醒:分家,永远是家族企业绕不过去的一个"坎儿"。顺利迈过去了,各展宏图,皆大欢喜;迈不过去,曾经的声名显赫、荣光无限,或许就成了家散人离。

中国早一批的创业者是"40后""50后",往往拥有多个子女。在传承的模式上,有人选择"不分家",把股权传承给一名子女;更多的人选择传统模式,把股权分配给各个子女。两种选择不存在好坏之分,各有利弊。

台塑集团的CEO王永庆,秉承"永不分家"的理念。2008年,王永庆意外去世,膝下有子侄十几人。几个月之后,台塑六轻园连续发生几场大火,董事长、总经理先后辞职,这也让人看到了"神话"背后的一幕:王永庆家族虽然财产未分家,可接班人却并不太理想,侄子王文渊完全是因为嫡子王文洋失宠才得以掌权。

王永庆的嫡子王文洋,在此之前就一直闹着要继承家业,但王永庆把所有的财产都以信托方式锁定了,只成立管理委员会,没有指定受益人,管理会的家族成员有共同的经营权,但谁也不得私自占有和处理财产。所以,家族成员就只能一荣俱荣、一损俱损了。

这就不得不让人重新思考:如果继承股权的人,不是一个出色的管理者,不具备统筹管理的能力,倒不如选择分家,给有能力者提供平台和机会。

分家,即家族成员按照某个比例分配股权,这一选择要面临的最大问题就是股权分散。当家族权威尚在、家族成员利益一致、感情甚好时,分散的股权结构不会凸显出弊端。一旦家族权威离世,或是家族成员之间发生理念分歧、感情失和，就可能引发控制权的争夺战。香港新鸿基地产郭炳湘兄弟、韩国三星集团李健熙兄弟之间的争产案，都是这一问题的典型代表。

虽然有此弊端存在，但在必要的时候，还是要做分家的选择。

那么，对家族企业的创始人来说，这个"家"要怎么分呢？

第一种方式：分家单干。

为了避免家族成员因为志向不同而产生内斗，可以选择彻底分家单干。

国外的一些知名品牌，如阿迪达斯、彪马和泳装品牌阿瑞纳，都是由达斯勒家族在第二代因为冲突分家之后衍生的。

中国也有类似的案例，如张桂平、张近东兄弟各自组建苏宁环球、苏宁云商，他们都是在挖掘第一桶金后就选择了分家，把家族企业发展成了企业家族。

第二种方式：家族信托。

如果家族企业的业务涉及多个方面，而子女的能力都比较强，可以让他们划分势力范围，各自经营。如果家族的产业比较单一，分家导致的最直观的问题就是实力下滑，这是很多创始人不愿意看到的。此时，为了避免单纯股权分割导致的控制权争夺战，确保家族成员的利益均衡，且家族长期拥有企业的控股权，可以选择家族信托。

我们之前谈过一些跟家族信托有关的内容，它可以确保家族后代的基本生活，且能够有效地集中股权，统一家族利益。

从情感上来说，中国的家族企业创始人都希望自己的子女能够拧成一股绳，共同治理家业，实现永续经营。愿望是美好的，但结局却未必能如愿。很多实例摆在我们面前，成为一种警醒和提示：兄弟同心未必能够保证家业长青。

如果子女的能力都比较强，分家是更合适的选择；如果家族产业比较单一，分家会削弱实力，此时不妨引入家族信托，将子女共同列为受益者。这样，既能保证家族的控制权，也能让子女分享各自的利益。为了避免纠纷，一定要界定清晰的责权范围。

没有哪一种股权传承模式是完美的，就像任何事物都有两面性一样。再精密的思虑和传承安排，也不能确保后世永远不发生内斗。只能审时度势，在当前的情势之下择优而定。

谈钱不伤感情：一个分业，一个分钱

家庭和睦与否，跟分不分家没有必然的关系。分家，只是处理家族资产的一种方式。家族传承是爱的传承，资产分配也是爱的象征。如果子女的个性、爱好、能力等都不同，那么分家有助于提高传承的成功性。倘若盲目地坚守"家和万事兴"的观念，把两个人格完全不同的子女捆绑在一起，未必是理智的选择。

奥古斯丁说过："万物的和平在于秩序的平衡，秩序就是

把平等和不平等的事物安排在各自适当的位置上。"在传承方面，李嘉诚给众多的家族企业树立了一个典范。

进入耄耋之年的李嘉诚，如何处理价值数百亿美元的财富，一直被各界密切关注着。他在不同的场合里讲过，自己的私人资产将会在"三个儿子"之间平均分配，"每个儿子"都有一份。他说的"三个儿子"，包括长子李泽钜（Victor），次子李泽楷（Richard），和成立于1980年的"李嘉诚基金会"。

在传承的问题上，李嘉诚可谓煞费苦心，安排严谨而周密，自成一统，没有盲目效仿西方家族企业的治理传承模式，而是结合自身的实际情况，作出了有针对性的安排。

李嘉诚曾经这样评论长子李泽钜："Victor在任何时候都可以顶替我的位置，Victor是个很负责的人，高层的花红及薪金都由我批准，他只有蚀底（吃亏），并无着数（占便宜）。"

李泽钜从斯坦福大学毕业后，22岁在父亲的安排下进入长实集团工作，25岁担任长实集团执行董事，29岁升任长实集团副总经理，42岁出任长实集团董事总经理。

在担任长江基建主席期间，李泽钜斥资逾2000亿港元海外收购了11项英国、加拿大和澳大利亚等国的基建项目，涉及电力、水务、天然气供应等项目。2010年10月，长江基建以700亿港元收购英国电网，成为李氏父子海外收购的最大项目，也让长江集团成为英国最大电力供应商之一。

李泽钜平时为人低调沉稳，已婚并育有三女一子。每次的记者会上,他都是坐在父亲的右边,很少主动回答问题,除非父亲让他补充发言。舆论认为他有点保守,但李嘉诚却对这位长子赞赏有加,并在接受英国传媒采访时称,李泽钜由底层做起,直至掌管一家庞大的企业,"如果懦弱无能,没有主见,绝对不能担此重任。"

相比李泽钜,次子李泽楷就显得有点"叛逆"了。他不是一个传统的学生,未完成学业就离开了斯坦福大学,进入加拿大多伦多一家投行开始职业生涯。回到香港之后,在和记黄埔集团工作过一段时间。

1990年,李泽楷用4亿美元在香港创办Star TV,3年后以9.5亿美元的价格,出售给传媒大亨默多克,李泽楷因此名声大震。

1994年5月,李泽楷实现在新加坡借壳上市,并将公司改名为盈科亚洲拓展,1995年底他从英之杰太平洋购入鱼涌皇冠车行大厦,作价6.75亿港元,短短8个月后即售予置地,净赚1.35亿港元。

1998年,凭借当时只是纸上谈兵的"数码港"计划,李泽楷从香港特区政府手中免费取得一块64英亩的土地,得到了"数码港独家开发权",后成为业界以科技包装地产的典型案例。

李泽楷出手慷慨,不拘小节,能够博得各行顶尖人士的助力,他的团队精英云集。他有强烈的自主精神,不愿意遵从家族规矩和父辈权威，更愿意自主创业。

从这一系列的事件可见，李嘉诚两个儿子的性格、作风完全不同。很多人在揣测：李嘉诚到底要怎么分配家产呢？

2012年5月26日，李嘉诚突然把分家的方案向媒体和盘托出：

未来长和系旗下所有资产交给长子李泽钜管理，包括逾40%的长江股份及和记黄埔的股权，还有逾35%的赫斯基能源权益。这三块业务是李嘉诚旗下最值钱、权重最大的资产。

对于次子李泽楷，李嘉诚表示："我会全力帮助他收购心仪的公司、拓展新业务，资助金额会是他所拥有的资产的数倍。"

对于自己的承诺，李嘉诚从未忘记。他将财产的三分之一捐给社会，为此成立"李嘉诚基金会"。他表示，基金的规模早已经超越他个人定下的目标，基金会未来由两个儿子共同管理，希望两个儿子都开心。

这是一个相当理想的财产分配方案。长子李泽钜作为接班人，符合中国人的文化传统，加之多年来他一直获得父亲的悉心栽培，在企业内的地位也比较牢固。次子李泽楷个性张扬，有开拓精神，李嘉诚将其推向自主创业的舞台，并给予资金上的支持，也算是独具慧眼。

传承是一项未雨绸缪的系统工程，李嘉诚曾经表示，用分家来传承，而不是在自己去世后，下一代用诉讼来分家。这样的安排，是为了两个儿子，可以有兄弟做。

李嘉诚把两个儿子分开，让他们各自的潜能尽可能多地发挥出来，把家族资产的潜在价值充分释放出来，不得不说是其人生智慧的一次集中展现。

希望下的"裂变"：四个兄弟四条路

希望集团，最初是四川新津县刘氏四兄弟在1982年创办的一个鹌鹑养殖场。四兄弟以年龄排序，分别是刘永言、刘永行、刘永美、刘永好，即"言行美好"。他们都有大专以上的学历，"下海"之初只有1000块钱的资金。

然而，靠着养鹌鹑、生产鹌鹑饲料和鸡饲料，加之其他收入，七年后，他们就积累了1000万元的资金。1989年4月，"希望"研制出了和洋饲料技术含量、效果完全一样，但成本更低的高档猪饲料，迅速打开了市场，企业逐步向全国扩张，打开了希望集团的辉煌一幕。

1997年，《福布斯》杂志上公布当年度全球最富有的500个富豪名单中，就有刘永行，他代表希望集团以资产8亿美元入选，排第219位，是中国内地唯一的上榜者。可就在很多人对希望寄予厚望的时候，希望集团却突然爆出"分家"的消息。

很多人担心希望集团"分家"，会导致四兄弟剑拔弩张，可大众看到的却是他们一副平和的姿态。刘永好说："我不太赞成'分家'的说法，这容易引起误解，对希望集团内部发生的情况，我认为还是用'明晰产权'的概念比较准确。"

四个兄弟的性格迥异，老大憨厚内向，但思维敏锐；老二富有实干精神；老三为人谦和，不善言辞；老四性格开朗、思维敏捷。老三是四个兄弟之中最早扔掉"铁饭碗"下海创业的，他靠养鹌鹑起家，成为当地有名的企业家。1993年，全国政协会议决定吸纳一批民营企业家作为政协委员，四川省决定在希望集团选拔一位代表。老三不善言辞，就提议在其他三兄弟中选择。结果，善于外交和把握机遇的老四刘永好，就成了最佳人选。

刘氏四兄弟在志趣方面也不一样。老大刘永言善于钻研，想做"中国的爱迪生"，很快就成为厂里的技术革新能手。后他被推荐到成都电子科大攻读电子计算机专业，他对电子技术研究倾注了极大的热情，并研发出十几项专利技术，科研就成了他事业发展的主要方向。

老三刘永美毕业于四川农学院，早就离开机关单位做个体户，办了"育新良种场"，后来发展成希望集团的总厂，这里就成了他事业的发祥地。有了一定的资产后，他开始涉足房地产，第一个项目就是建造了成都最高档次的花园别墅，另外还有一座五星级的希望大酒店和商业街，总投资近10亿元。

老二刘永行和老四刘永好一直为共同的理想携手前行，希望饲料在全国的事业几乎就是靠他们打造出来的。然而，不同的工作经历、不同的价值取向和思维方式，以及对形势的判断，决定了两兄弟需要各自运筹帷幄。他们最大的差异在于经营理念，刘永行坚持以产品经营为主，资本经营是辅助性的手段，他希望在饲料方面专心经营。刘永好则认为，做好产品经营的同时，也要通过资本运作加速扩张，走"多元化"的道路。不同的潜质和分工，造就了两位不同的企业家。

就这样，四兄弟各自选择了适合自己的路。在他们看来，分开是为了经营得更好，这是主动的选择，也是理性的选择。

人生总有起落，精神不可遗失

2004年3月6日，号称全球最后一位花花公子的巴西人贵诺，在曾经属于他的巴西里约热内卢豪华的科帕卡巴纳皇宫饭店去世。他花光了父亲白手起家赚来的20亿美元家产，并留下了震惊世界的败家子宣言："幸福生活的秘诀是在死的时候身上不留一分钱，但我计算错误，过早就把钱花光了。"

这一案例，给正在考虑传承问题的中国家族企业敲响了一记颇有些"恐怖"色彩的警钟：家族传承，传的就只是财富吗？

什么是真正有价值的东西？

我们不妨看看哈佛先生的做法，他在跟中国人的贸易中赚取了一笔钱之后，就用这笔钱创办了哈佛大学，为美国培养传道的牧师。今天，哈佛几乎成为美国的文化符号。哈佛先生的做法，不但给美国，甚至给全球整个社会树立了追求精神品质的典范。他用自己的财富赢得了世界的尊重，也把哈佛永远地传承了下来。

这些案例说明什么呢？

诺亚财富创始人兼CEO汪静波说："真正优秀的家族传承都是把自己家族的精神总结出来，如真实、感恩、勤奋、团结、善良这些品质，时间是无法磨灭的，最重要的是真善美的传承。"在家族传承这件事上，精神永远比财富更重要。

其实，每一个艺术家，每一个民间艺人，在传承手艺的同时，也在传承着他的价值观。有一则关于锁匠的故事，用在这里阐述此观点，再合适不过。

老锁匠一辈子修锁无数，技艺高超，收费合理，深受人们爱戴。但是老锁匠年事已高，为了不让自己的技艺失传，挑中了两个年轻人，准备把自己的技艺传给他们。

一段时间后，两个年轻人都学到了不少本领，但得到真传的人只能有一个，老锁匠决定对他们进行一次测试。他准备两个保险箱，让两个徒弟去打开，谁用的时间短，谁就是胜出者。结果，大徒弟只用了不到10分钟就打开了保险箱，而二徒弟却用了半个小时。大家都认为，大徒弟必胜无疑。

老锁匠问大徒弟："保险柜里有什么？"

大徒弟眼里放光，说："师傅，里面有很多钱，都是百元大钞。"

再问二徒弟，二徒弟支吾了半天，说："师傅，我没看见，您只让我开锁……"

老锁匠很高兴，宣布二徒弟是自己的正式接班人。大徒弟不服气，众人不理解，老锁匠微微一笑，说："我们修锁的人，心上要有一把不能打开的锁。他必须做到，心中只有锁而没有其他，对钱财视而不见。否则，心有私念，稍有贪心，最终只能害人害己。"

在家族企业传承的问题上，精神传承越来越受到重视。只有财富和权力的传承，是没有办法保证家业长青的。没有企业家精神的传承，就会掉进"富不过三代"的魔咒中。

那么，企业家精神究竟是什么呢？

企业家精神，本质上是创业者不拘于资源限制搜寻机会并创造价值的过程，是家族企业独特优势的来源。企业家精神的形成与企业的发展历程、企业家的个性特征密切相关，当价值层面的企业家精神一旦形成，就会成为企业经营的哲学。要延续这种经营哲学，需要对继承人从小培养和灌输这种价值，为将来的接班打好基础。

李嘉诚的次子李泽楷，在谈到从父亲身上学到的最重要的东西，以及如何理解家族传承时，这样说："我从父亲身上学到最重要的是怎样做一个正直的商人，以及如何很恰当地处理与合作伙伴的关系,如何保持可持续性的发展。这当中蕴含着很多人生、商业的智慧。家族需要传承的不仅是有形的、物质上的财富,无形的精神财富也同样重要。"

　　企业家精神的内核,大致脱离不了几点:契约精神、创新勇气、担当意识和强烈的社会责任感。家族企业的世代传承之所以会成为一个世界性的难题,是因为技术、管理、为人处世等都是显性的能力和资源,很容易传承,然而,创新、勇气、担当、抗压等隐性的能力,却是最难言传身教的。与财富传承相比,企业家精神才是基业长青的决定性因素。

人生总有起落,精神不可遗失

企业家精神是世代相传的 DNA

如果你没有听说过穆里耶家族，没关系，你一定听说过世界 500 强集团欧尚，也一定知道体育用品零售巨头迪卡侬，它们都是穆里耶家族创立的跨国企业。2015 年胡润全球百富榜上，以发展零售业为主的穆里耶家族坐拥 300 亿美元，排名全球第 14，法国第 3。

穆里耶家族在生活方面向来低调，但在创业上却极其大胆。穆里耶家族至今传承五代，家族成员超过 1000 名，几乎每一个法国人都去过至少一家穆里耶家族旗下企业的门店。很多人好奇：这样一个庞大的家族，是如何在时代的变换中传承下来的呢？

穆里耶家族的第五代成员孔艾力说："企业家精神是穆里耶家族世代相传的 DNA，存在于每一个家族成员的细胞里。"穆里耶家族中的每一个人都是在企业家精神的氛围里长大的，他们设计出了一套独特的家族传承和治理机制，以解决家族成员和企业之间以及成员之间的利益分配问题，避免因利益而导致纷争，同时又确保家族企业不断壮大。

有哪些价值观深深地影响着穆里耶家族呢？

价值观 1："每个人都有犯错的权利。"

这一价值观被穆里耶家族认真执行了几代人，也是交流上频繁提到的关键词。穆里耶家族的领头人杰拉德·穆里耶

（Gerard Mulliez）先生反复强调，要相信他人并允许犯错："生活中要喜欢自己，之后要喜欢他人，像喜欢自己那样喜欢……要倾听他人的声音，鼓励他们行动起来，因为只有实践才知道一个主意真正的好坏。"

穆里耶家族成员集团前任董事长蒂埃里·穆里耶（Thierry Mulliez）坦诚地表示，他自己也经常犯错。但是，权力伴随着义务，允许犯错不等于无限制的试错，获得第二次机会的同时意味着你要保证杜绝再犯同样的错误。正因为此，才有了现在的欧尚和迪卡侬等一系列企业的成功。

价值观2："让家族为了企业而努力，而不是企业为了家族而奔跑。"

这是穆里耶家族百年来一直秉承的信念。为此，穆里耶家族设置专门的人员，来努力探求每一位成员职业发展需求和家族之间的平衡。同时，穆里耶家族还设计出了一套独特的家族传承与治理机制，确保家族的顺利运营。

当家族成员到了适当年龄后，要通过考核进入家族集团，取得家族企业的股权。但是，这个股权不是具体公司股票，而是家族旗下各个企业的控股公司的股权，且只能在家族内部交易流动，每个成员的利益都跟家族企业捆绑在一起，推动资源互补。

杰拉德先生说："当我们和不同的人共事的时候，必须找到一个共同的目标，之后就实现目标的方式达成一致。"通过连贯的信念与制度，穆里耶家族实现了有效的家族治理，集聚了家族企业发展必备的人力资本、文化资本、社会资本及金融资本，一直持续至今。

价值观3："金钱不会带来幸福，但幸福可能是财富的源泉。"

穆里耶家族在公开场合留下的照片甚少，这种低调与朴实正是家族企业的精神之一。在这个家族里，前任董事长可以给大巴司机打倒车手势，现任掌门人可以在餐会上招呼客人，年近90岁的家族领头人能够站着进行两个小时的演讲分享，这种作风与他们拥有的巨额财富形成了鲜明的对比。

杰拉德·穆里耶先生在很长时间里，都开着一辆"二战"后制造的、性价比很高的汽车。尽管后来买了奔驰，但他表示并未觉得幸福。他说，我们需要基本的财富来维持物质生活，但不会因为很多钱而变得特别幸福，没必要把企业的钱用在华而不实的生活上。

价值观4："不要停滞不前，享受每一刻吧！"

穆里耶家族对生活的要求很简单，可对工作的要求却是精益求精，那种时刻不满足感恰恰是这个家族充满活力的重要原因。当被问到对家族发展的现状是否满意时，杰拉德·穆里耶先生说："我一直有这种不满足感，总认为还有进步的空间。"到现在，他依然坚持明天花费一定的时间来倾听自己的想法和直觉，并将其记录下来，让它帮助自己找到新的想法、资源和方向，在遇到困难时永不言弃。

穆里耶家族十分重视企业家精神的传承，并将其视为"第一慈善"。他们在家族价值观的基础上系统地培养新一代家族成员的企业家精神，正因为此，这个家族才得以传承百年而不衰。

奉献、信誉、冒险、坚韧成就洛克菲勒六代繁盛

有专门研究百年家族的学者这样评价精神传承："相比物质遗产，精神遗产是家族成员、家族、家族企业的有力纽带。通过探索共同的历史，培养和教育家族成员理解家族精神和价值观，承担家族的责任，可以帮助富豪家族实现长期可持续的发展。"

洛克菲勒家族，就是精神传承的一个成功代表。

世界商业史上，可能没有哪个家族能够像洛克菲勒一样，家族的兴盛贯穿整个第二次工业革命史，见证人类商业模式的一次又一次变迁。翻开美国史，洛克菲勒家族无处不在，他们从创始人约翰·戴·洛克菲勒算起，至今已经繁盛了六代。

洛克菲勒家族不仅积累了巨额的财富，他们的价值观念和行为作风，也已经成为美国国家精神的代表。如果要把这些精神做一个概括，那么就可归结为以下几点：

奉献——不是比拼财富，而是看道德贡献。

中国俗语说"富不过三代"，可洛克菲勒家族为何能够延绵六代之后，依然站在财富的巅峰上，散发着璀璨的光芒呢？这与他们的财富观念以及对子女的教育息息相关。就像老洛克菲勒说的："财富是上帝的，而我们只是管家。"

洛克菲勒家族白手起家，通过自己的勤劳、智慧以及勤俭，积累了财富。他们的成功模式也传递出一种财富观：财富以及合法创造财富的能力，应当得到社会的尊重。洛克菲勒家族为富人定下指标：不是比拼财富，而是看道德贡献。所以，当大卫·洛克菲勒以101岁高龄辞世时，各类纪念文字的重点大都落在了洛克菲勒精神上。

信誉——无形的契约精神，商业活动的基石。

世人对于约翰·洛克菲勒的评价毁誉参半，但有一点却是公认的，那就是恪守信誉。有人说："洛克菲勒的财富跟和他同时代的巨富们相比，是最不肮脏的。"信誉，是一个企业的立足之本。劳伦斯·洛克菲勒——洛克菲勒家族第三代传人，一辈子从事风险投资，但从未欺骗过任何人。大卫·洛克菲勒执掌位列世界十大银行第六位的曼哈顿银行帅印，他的过人之处不是商业技巧，而是商业信誉。

冒险——在激烈的竞争中，永远能抢占先机。

洛克菲勒家族的成员都具有冒险精神，当美国企业盛行家族经营时，洛克菲勒率先引入专业人士管理企业，使得洛克菲勒家族企业变成了现代企业。不得不说，管理创新是这个家族财富迅速扩张的重要原因。进入20世纪之后，洛克菲勒家族开始大力发展金融服务业，通过资本市场转移财富，对家族财产进行信托经营，实现了第二次飞跃。

等到没有风险才行动，那就永远一事无成。

关于这一点，我们从洛克菲勒写给儿子约翰的信中，便可窥见一二。信中有这样的字句：

"人们对成功竞相追逐，甚至不惜以生命为代价。但即便如此，失败还是不可避免的。我们的命运也是如此，只是与有些人不同，我把失败当作一杯烈酒，咽下去的是苦涩，吐出来的却是精神。

"在我雄心勃勃进入商界，跪下来诚心祈求上帝保佑我们的新公司一路顺风之时，一场灾难性的风暴袭击了我们……这注定是一笔要做砸了的生意。但我知道，我不能沮丧，更不能沉浸在失败的痛苦当中，否则，我就会离我的目标越来越远。天下没有免费的午餐，更不可能一直维持现状，如果静止不动，就是退步，但要前进，必须乐于作决定和冒险。

"你需要知道，我们生活在弱肉强食的丛林之中，在这里你不是吃人就是被人吃掉，逃避风险几乎就是放弃成功；而如果你利用了机会，那别人的机会就相应减少了，这样能更好地保全自己。害怕失败就不敢冒险，不敢冒险就会错失眼前的机会。"

坚韧——人始终要保持活力，保持坚强。

洛克菲勒最喜欢的座右铭是："人始终要保持活力，保持坚强，不论遭遇怎样的失败与挫折，这是我唯一能做的事情。"

洛克菲勒家族把财富稳妥地传承百年，延续六代人，其中有一大法宝就是坚韧。在创业和经营的过程中，他们遭到过无数的风浪。当时，约翰·洛克菲勒缔造了标准石油公司，作为美国历史上最强大的托拉斯，标准石油受到了美国政府长达30年的起诉和打击，并最终遭到分拆，可约翰·洛克菲勒一直在抗争，坚持到最后一刻。

劳伦斯·洛克菲勒在华尔街开始自己的职业生涯，在开拓现代风险投资的过程中，历经艰险，可他还是坚韧地追求着目标，把洛克菲勒家族继承来的财富翻了数倍。但他不满足于赚更多的钱，而是希望让金钱生产出更多有长久意义的东西。

看到这里，我们不得不敬畏洛克菲勒家族的精神。其实，这些精神对于任何家族企业来说，都是与市场抗争的可持续力量，更是支撑企业延续最难能可贵的品质。

永不熄灭的家风业规

2016年10月，李锦记的六款酱料随着"神州十一号"载人飞船进入太空，这是李锦记第三次飞天之旅。这个1888年创建于东南小镇上的家庭小作坊，如今已传承130年，家族的传承密码，就跟李锦记酱油的配方一样神奇，值得细细品味。

1888年，李锦裳在广东省珠海南水镇发明蚝油，创立了李锦记蚝油庄，后迁往澳门。1920年，第二代成员李兆南接管家族企业，开始把蚝油销往美国，随后总部迁往香港。1972年，第三代传人李文达接管家族企业。20世纪80年代，家族第四代成员陆续加盟企业，家庭作坊式经营也开始向现代化集团公司迈进。到 2017 年，已经有四位第五代成员加入李锦记家族企业，参与管理工作。历经 130 年的跌宕起伏，李锦记成功打造出一个百年品牌，而它折射出来的也是"思利及人"的家族精神。

传承不仅仅是企业经营、物质财富的延续，更是家族文化精神的代际传承。李锦记集团第四代成员之一的李惠森曾经说过："正是因为有了思利及人的家族精神，才铸就了李锦记的百年传奇。"思利及人，是李锦记家族精神的核心，也是其为人处世、齐家治企的原则。

"我要语重心长劝喻你们，无论如何，都要以家族为先，要以思利及人的直升机思维顾念家族的整个利益为先。"这是 2012 年 12 月 29 日，李文达在李锦记家族会议上的致辞。

李惠森在《思利及人的力量》一书中，也阐述了"思利及人"包含的三个要素：直升机思维、换位思考和关注对方感受。

直升机思维，就是要求考虑问题要像坐直升机一般，超越个人和眼前的局限，站得高才能看得远。思利及人精神强调惠及更多的人，从个人到集体，从小家到大家，从企业到社会，它始终贯穿在李锦记家族企业的方方面面。

同时，李锦记还确立了两个使命：其一，发扬中华优秀饮食文化；其二，弘扬中华优秀养生文化。这是家族的使命，也是企业的使命，更体现出了李锦记对社会的责任感。

华人家族企业里，像李锦记这样传承到五代的屈指可数。李惠森曾经表示，希望"中国可以有越来越多的家族企业做到企业长青，更做到家族长兴，文化长兴，可以有更多的优秀家族文化被社会、公众接受，为中华民族的传承发展、中国梦的铸就贡献正能量。这是传承真正的意义，也是每一个中国家族企业和家族的责任"。

对家族企业来说，代代相承同一个价值体系的理念是根本，也是至关重要的。良好的可传递的家族价值观是家庭和企业这两个系统最好的润滑剂。在这方面，李锦记给所有的家族企业树立了榜样，并提供了参考价值。

没有人能真正拥有"它"

在腕表的世界中，百达翡丽无疑是非常璀璨的那一颗明珠，很多人梦想有一只属于自己的百达翡丽。它的魅力不仅在于精致珍贵、古朴高雅，更在于代代传承中不曾遗失的家族精神。

对于家族财富的传承，百达翡丽传递出一种与众不同的理念，那就是"代管"的传承意识："没有人能真正拥有百达翡丽，只不过为下一代保管而已。"

百达翡丽创立于1839年，作为独立制表商，它从设计生产到完工，享有完全的创新自由，以家族生意和独立精神世代相传。斯登家族从1932年开始掌管公司，始终保持这种独立精神，斯登说："独立的价值让我们享有充分的自由，这份自由能让我们创作自己喜欢的时计，而无须依赖供应商。"每一代百达翡丽人主导的作品，都沿袭精品哲学，生产重质不重量，坚持慢工出细活，只围绕一个主旨——追求完美。

独立，被百达翡丽表达为一种精神，同时也成为斯登家族的传统。按此传统，百达翡丽任何一代接班人都必须从基层做起，就算菲力·斯登和儿子泰瑞·斯登都拥有工商管理学位，可他们依然要在钟表行内从头学起。

为什么要这样做呢？这体现了百达翡丽在传承中秉持的价值观："开创属于自己的传统。"传统，需要时间来沉淀，历经时代的洗礼和考验，才能成为真正有价值的传统。可是，在成为传统之前，先要有人敢于开创，历经推敲考验后还要有后辈传承，延绵不息，才能形成真正的传统。

百达翡丽的每一代人，都秉持这个理念在经营，每一代都尽最大努力开拓属于自己的"传统"，不仅仅是简单的接班，而是要进行优化与创新。所以，家族成员必须要了解自己的家族企业，了解制作工序，掌握精髓所在，才能担此大任。

继承传统，不懈创新，把卓越的工艺和尖端的科技完美地融合起来，创作出超越时空的杰作，代代相传。这就是百达翡丽的家族文化和传承理念。希望中国的家族企业能够从中得到启发，建立自己的家族文化体系，把优秀的价值观和理念传承下去。

家和才能企业兴

如何打破"富不过三代"的家族企业"咒语",是全球公认的难题。要怎样破解这个咒语,让企业长久地生存下去呢?

很多人把关注点放在了"企业"二字上,却忘记了"家族"。家族财产法专家阿兰·劳伦·韦伯克认为:"家庭、财富、企业是三个相互重叠的系统,掌门人通常都对企业投入巨大的精力,而忽视了家庭,甚至把家庭当作想当然的事情。"

韦伯克说这番话的意思,是提醒家族企业的掌门人:如果你想让家族企业传承下去,必须关注家庭。不然的话,你就将家族企业置于危险的境地。

对于罗斯柴尔德家族,想必不少人有所耳闻,这是欧洲乃至世界久负盛名的金融家族。它创立于19世纪初,创始人是梅耶·罗斯柴尔德,他和自己的五个儿子先后在欧洲的几大著名城市开设银行,建立了自己的银行产业链,最终成为当时世界上最大的金融王国。

罗斯柴尔德家族的家训,十分注重家族关系,比如"只要你们团结一致,你们就所向无敌;你们分手的那天,将是你们失去繁荣的开始""要坚持家族的和谐"。

罗斯柴尔德家族的标志是折断的五支箭,这源自《圣经》里的故事:一支箭容易断,五支箭却很难折断。这也是家族创始人对五个儿子的忠告:"你们几个兄弟团结在一起,就会变成最富有的人。"

恰恰是这种对家族关系的重视,使得罗斯柴尔德家族在此后的两百年里,即便家族内出现争端、经营理念不合,家族后代宁可退出股份、另立门户,也不会损伤家族的主体业务。

反观其他的一些家族企业,通常到了第三代就消失了,只有10%的企业能够传承超过三代。美国通过对3600个家族企业的研究发现,第二代和第三代之间的传承,有70%是失败的。原因无外乎就是,企业发展停滞、家族成员内斗、家族关系不和谐。

哲人西格蒙德·弗洛伊德说过:"家庭幸福的两大杀手莫过于来自性和金钱的诱惑,而来自金钱的诱惑则更具杀伤力。"对家族企业而言,无论是实业还是金融财富,要想传承下去,必须得关注家族体系中的人际关系,否则实业也好,金融财富也好,都将消失殆尽。

家族体系是由一系列复杂的人际关系组成的,这些人际关系大致可分为两组：第一组，每个家庭成员都应当是和睦大家庭中的单个成员，也就是"我"；第二组，每个家族成员都是家族财富的共同持有者，也就是"我们"。

在"我"的层面，每个成员都以"自我"为中心的角色存在，如父母、子女、配偶、兄弟、姐妹等；在"我们"的层面，家族成员又有了另外的角色，如受益者、受托者、保护人、家族企业所有人、家族企业管理者等。

家族的每一位成员都必须清醒地认识到：用理性的、具体的方式来诠释家族关系，对家族治理来说至关重要，家族治理是一门帮助家族共同决策的艺术。家族成员之间，设定良好的边界线，是建立和谐人际关系的第一步，要分清各种角色及其分工，避免两败俱伤。

74年老字号终未逃脱清盘命运

家族企业的延续不是一个自动的过程，而是需要悉心地规划和管理。相比陌生人而言，与兄弟姐妹一起共事，其实难度更高。在这方面，香港镛记酒家的争产案是一个值得思考和铭记的案例。

镛记的创始人甘穗辉，1912年出生于香港，16岁就投身于饮食行业。1936年，他以镛记为店名，跟朋友开设了一家大排档。1942年，他把镛记迁到永乐街32号铺位，名为镛记饭店。1962年，镛记搬到了现在位于中环威灵顿街的位置，并于

1978年扩展为现在的镛记大厦。同年,甘穗辉正式退休,但每天都坚持到店巡视,跟食客、伙计们一起共进午餐,是镛记的灵魂人物。

甘穗辉年轻时,在广州学习厨艺,他做的烧鹅简直是一绝,后来"烧鹅"就成了镛记的招牌。甘穗辉有四房太太和18个子女。他第一任妻子早逝,没有子嗣;第二房和第四房太太现居加拿大,与甘家人来往甚少。他的第三房太太麦少珍,跟他一同打理镛记,并为其生下三子两女。甘穗辉退休之后,麦少珍就成为女家长,她所生的五名子女,长子甘健成、次子甘琨礼、三女甘美玲、四女甘洁玲、五子甘琨岐都获得了镛记的股份。

甘穗辉作为镛记的创始人,一直很重视传承的问题,并为后代设计了发展路径。他在退休之前,拥有镛记70%的股份。他的三个儿子甘健成、甘琨礼、甘琨岐被安排学习不同的经营管理技巧。

长子甘健成高中毕业后就进入镛记,从一开始就是甘穗辉心中的接班人。在他退休之后,甘健成就担任了总经理的职位,统筹日常运营,负责销售、厨房和菜式设计。次子甘琨礼在台湾学习工程,学成后统领后台事务,负责财务、营销和地产发展项目。三子甘琨岐继承了父亲的烧味技术,掌管烧味部。甘穗辉的两个女儿,甘洁玲年轻早逝,甘美玲没有参与镛记的运营。

甘穗辉掌管镛记时，三个儿子都听从他的指挥，父子四人协同合作，把镛记打造成了一个成功的家族企业，成为香港餐厅中的代表。他对待员工很友善，所有的家族成员和员工对他也尊敬有加。

2004年，甘穗辉去世。依照遗嘱，镛记的所有权传承给他的家庭成员：长子甘健成和次子甘琨礼每人持有35%的股份，妻子麦少珍和三子甘琨岐、女儿甘美玲分别继承10%的股份。

之后，镛记就由甘健成和甘琨礼共同管理，分工上和原来一样，两人共同决定家族企业的所有管理事宜。所有跟公司治理和董事会有关的决策，都必须同时得到他们两个人的准许。在甘穗辉看来，这是保持企业平衡和家族和谐最好的办法。

依照甘穗辉的安排，两个参与经营的儿子平分股权，长子作为镛记的对外代表，也符合中国的传统和他的心意。然而，这种传承的安排，只计划了所有权的传承，并没有安排管理权的传承。甘穗辉大概也不会想到，一旦两个儿子出现了意见分歧，要如何来协商。

果然，就在甘穗辉去世后，这个问题逐渐浮出水面。甘健成和甘琨礼的教育背景不同，想法也不一样。甘健成一直跟在父亲身边，想法比较保守。甘琨礼受过高等教育，希望用新的方式来经营老店，以适应市场经常。两兄弟为了是否要在机场开设一家分店，有过激烈的争执。甘健成不赞同开设机场分店，认为入不敷出；甘琨礼却认为，这能有效地提升镛记的名气，三弟甘琨岐也支持二哥的决定。最后，镛记未能拍下那块地，而兄弟两人的冲突也由此摆在了明面上。

父亲没有明确说明，谁是镛记最终的决策者。两个兄弟为此不断争执，并为了扩大自己在镛记的势力，把各自的子女都卷入企业中，让其担任主管。二代的矛盾尚未解决，三代的加入让问题变得更加复杂。

甘健成的两个儿子都在加拿大学习会计，毕业后就加入镛记，但他们对镛记的业务并不感兴趣，最终退出并开设了自己的餐厅，还带走了镛记的几个厨师。甘琨礼的两个孩子没有经营餐厅的经验，却被委以重任，不断遭人诟病。甘穗辉在世时，给两个儿子的薪水是一样的，可当甘琨礼掌管财务大权时，他的两个子女虽是兼职，可开出的薪水是甘健成两个子女的两倍多，这无疑就把冲突延伸到第三代的兄弟姐妹中。

后来，甘琨礼的孩子甘荞因当众"羞辱"甘健成，让其很"丢脸"。之后，甘琨礼借助儿子和其他几位董事的帮助，从甘健成手里夺走了人事管理权，并在未取得甘健成同意的情况下，改变了市场营销策略，致使甘健成失去发言人的地位。

三弟甘琨岐去世后，他的10%股份转让给了二哥甘琨礼，甘家的冲突变得更加激烈。2009年，麦少珍将自己的10%的股份转让给甘健成。就这样，甘健成和甘琨礼各自拥有45%的镛记股份。2010年，妹妹甘美玲将她的10%股份转给甘琨礼。至此，甘琨礼持有公司55%的股份，拥有了对镛记的控制权。

2010年，甘健成想放弃企业所有权，让弟弟甘琨礼买断自己的股份，但遭到拒绝。甘健成在3月份向法庭上诉，申请将镛记控股清盘，或由法庭要求兄弟中的一人向另一人购买其股份。法庭驳回了甘健成的上诉，希望帮助双方就出售股权的问题把价格协商到一致，但两人对价格一直有2亿港元左右的价差，因而股份收购的问题一直没能解决。

2012年，甘健成突然去世，这个难题就留给了妻子梁瑞群。她提议，要么让甘琨礼按照甘健成提出的价格买断股份，要么让镛记清盘。甘琨礼不同意，此时作为母亲的麦少珍也开始支持次子的决定。妹妹甘美玲也支持二哥，认为他对镛记付出的心血更多，也比大哥有才能。

镛记是一家在英属维尔京群岛注册的公司，争议和清算并不影响镛记酒家的运营。但是，如果清算导致第三方掌权，那么镛记大厦可能会挪作他用，大厦内用于制作烧味的特殊炭炉就可能消失，因为香港特区政府现在已经不允许建造这种类型的炉子了。这也就意味着，当镛记被第三方掌控后，镛记的招牌菜可能会不复存在。

这场争产案给镛记带来的打击是巨大的，自2010年揭开家族争产内幕后，食客对酒家食物的评价每况愈下，惨遭《米其林指南》拿掉一星，只留在"一般推荐"后，更是被踢出指南名单，从米其林榜上消失。

至此，甘家人都认为，这场纷争完全是因为甘穗辉没有在生前做出完善的传承安排导致的，如果能够明确管理权和所有权的细节，可能就不会闹到如此田地。甘穗辉在世时，完全是"大家长"，他的传统观念跟儿子的个性脱节，两代人之间又缺乏沟通，给家族治理埋下了隐患。如果有家族信托的保护，重要决定须由家庭成员同意后才能进行，也不至于到了纷争后期，镛记中人治对企业的影响大于法治。

镛记酒家的案例提醒家族企业的创始人，家族的状况往往会在一代创始人离世后发生质变，对于二代来说，沿用创始人倡导、实施的领导模式是不太合适的。特别是对于华人家族来说，未必家族老大就是最有能力的接班人。在培养二代的过程中，应当及早地植入为家族其他成员负责的精神。

创始人在位时，要客观地评估子女之间的关系。倘若他们过去的工作是各司其职，那么应当有意识地创造机会让他们在控股公司层面尝试合作。通过一段时间的考察，就能够对兄弟之间能否和平共事有一个客观的评估和认识。

在巨富中死去是一种耻辱

有人问过比尔·盖茨:"挣钱和把钱捐出去,哪一个更带给你责任感上的挑战?"

盖茨回答说:"挣钱和捐钱都是很大的责任,也同样让人享受。"

对于家族财富而言,慈善的意义绝不仅仅是责任和享受。放眼望去,无数家族因慈善名留青史,也为人类社会带来了良性的改变。这就体现出了家族慈善的价值:实现家族的永续传承,扩大家族的社会影响力。

慈善,也是企业家的一种境界。家族企业传承,传承的不仅仅是物质,还有精神的传递。财富是显性的传承,但美德、文化却是珍贵的、隐性的传承。慈善事业一词,源自希腊文,意思是指"对人类的关爱"。现在,把它和家族企业结合起来,就变成了一个很好的工具,能够有效地实现家族传承,树立超越发展的价值观、家族文化和家族凝聚力。

同时，慈善也是创始人鼓励子女和外界接触的一大渠道。家族成员通过慈善，能够领悟到财富的真正意义，并对父辈、祖辈们所从事的慈善事业而感到自豪，形成对家族的进一步认同。有不少后代都延续了前人的慈善事业，甚至将其拓展到更多的领域。

慈善，原本是企业家们发自内心的"舍"，并无特殊的目的，但其结果往往对商业行为产生有益的效应。以汽车玻璃大王曹德旺为例，美国五个州都有曹德旺办的厂。美国俄亥俄州的议会，把当地曹德旺的企业门口的道路命名为"福耀大道"。曹德旺为什么能够被美国社会所接受和认同？这不仅仅是因为他在企业管理方面做得很到位，技术含量高，更因为他是一个捐赠过数亿美元的慈善家，大家对他很放心。

美国的公会和汽车玻璃公司闹得不可开交时，竟然邀请曹德旺替美国的公会去谈判。看到慈善家的身影，谈判的气氛顿时就没那么紧张了。所以，曹德旺在全世界办厂，现在都没什么纠纷，生意也是越做越大。

当代的家族慈善事业，主要通过四种模式来进行：

第一种：成立基金会。这是慈善家们最常见的选择，成立以基金会为代表的慈善机构，用组织形式来运作慈善项目。这种模式可追溯到1907年的塞奇基金会，它是最早资产超过1000万美元的独立基金会。洛克菲勒家族三代都成立过基金会。

第二种：直接捐赠。有些商界的慈善家，以现金或有价证券进行公益捐赠。Facebook 的创始人扎克伯格、股神巴菲特都曾用这种模式投身慈善。

第三种：公益信托基金。很多创始人不愿意把巨额的财富留给子女，让他们坐吃山空，就选择成立信托基金，将其受益对象设立为公益慈善组织，从而资助公益慈善事业。

第四种：公益性投资。与直接资助相比，投资比捐赠更为有效。投资可改变受惠对象的思考模式，可避免对捐赠产生依赖。相较于直接捐助，投资更能增进受惠对象与慈善家之间的关系。eBay 创始人杰夫·斯科尔就是一个典范，他的斯科尔基金会每年将约 10 亿美元的款项投入到有潜力的社会企业身上，促成公益领域的项目和模式创新。

慈善是家族传承计划中的一个重要组成，它不仅仅是回馈社会、捐赠财富这么简单，更重要的是给下一代树立一个榜样。慈善不但能够教会下一代如何用钱、如何对待时间，以及如何做一个对社会有益的人，还能让他们学会尊重家族的传统、文化以及其他家族成员和周围的人。

纵观那些传承多代的家族，通常都能在传统和创新之间找到平衡。他们重视传统，但不会在前人留下的财富上睡觉，过分依赖传统会成为负担，他们要继承一代企业家的那种精神。家族慈善解决了如何花钱的问题，也承担着一个家族的价值观的传承，这才是打造成功家族的核心，也是整个家族的凝聚力所在。

财散人聚成就家族企业的不断超越

对企业家们来说，选择做慈善事业，短期内个人财富是会减少，可若放眼长远来看，收获的却是源源不断的社会影响力和家族声誉，这些相较财富而言，更是家族企业长久发展的根基。

在慈善方面，有一个家族可谓是代际传承的成功典范，它至今已经传到了第六代，虽没有像其他大家族那样经常出现在镁光灯下，但也没有任何衰败的迹象。这个家族的宗旨是，把发展慈善作为一项跟赚钱一样的事情来坚持，让家族成员对于慈善理念有发自内心的认同感，并把这个"传统"传承下来。

从约翰·戴维森·洛克菲勒先生开始，这个家族就与慈善结缘了。老洛克菲勒出身贫寒，但有敏锐的投资眼光和执行力，最终创立了"标准石油公司"，并在成立后数年内垄断了全美90%的石油市场。在他去世时，其名下的股票和其他财富价值，已经到当时美国GDP总值的1.5%。

如此巨大的财富，要如何处理呢？早在1901年，他就跟自己的家人、合伙人提议，想创立一个基金会。虽然这个想法只是一个雏形，但也能够折射出老洛克菲勒内心的愿望。其实，在此之前，他就已经开始做慈善事业了，如把自己做销售员的一部分收入捐赠出去，出资创立芝加哥大学，设立洛克菲勒药物研究学院等。据统计，老洛克菲勒一生贡献给慈善事业的金额超过55亿美元。

老洛克菲勒的时代，是慈善观念的启蒙阶段。这个时期，慈善观念往往都是源于朴素的意识，就是为了慈善而慈善，尚未达到对慈善事业的内在认同感的地步。可即便如此，老洛克菲勒还是尽可能地投入到慈善事业中，而这种做法也深深地影响了他的子孙后代。

老洛克菲勒去世后，他的儿子小洛克菲勒成为家族掌门人，在接管家族生意的同时，也继承了父亲的遗志，继续发展慈善事业。他花费大量的时间来"散财"，以免整个家族被庞大的财富拖垮。小洛克菲勒的捐赠范围比较广，从美国威廉斯堡古城到法国凡尔赛宫，从北京协和医科大学到联合国总部，可以说，他把慈善散在了世界各地。

对小洛克菲勒来说，他既是家族财富的继承者，也是这个家族慈善事业的发展者。对于慈善的理念，这个阶段的洛克菲勒家族，已经开始从观念上正式接纳了，从被动变为主动，彻底认识到了慈善事业与家族事业之间的共生关系，并将慈善观念作为洛克菲勒家族的一大精神内核。

到了戴维·洛克菲勒时代，这个家族的慈善事业做得就更加广泛了。不管是在金融领域，还是在政治领域，戴维先生在全球范围内都是一个很有影响力的人物。此时，洛克菲勒慈善基金会的规模日益壮大，慈善事业发展到了鼎盛阶段，慈善观念已经成为深入洛克菲勒家族成员内心的东西，他们把慈善事业放在了和家族事业同等重要的位置上。这个时期，他们的宗旨完全符合洛克菲勒创立基金会时的愿景：促进世界范围内全人类的幸福。

到今天，全世界范围内的很多机构，如学校、医院、科学研究基金会、教会组织、残疾人基金会等，仍然在接受来自洛克菲勒家族的捐赠。我国的协和医院及其附属医院，都是洛克菲勒基金的受益者。

为了能让子孙后代在自己百年后继续致力于慈善事业，戴维先生总是强调慈善对于家族传承的意义，并要求子孙切实践行。佩姬是戴维的女儿，也是洛克菲勒家族的继承者，她在17岁时就获得父母支持前往巴西接触生活贫困的底层人民，这段经历影响了她，让她深入地理解了慈善的意义。

1987年，佩姬建立了希奈戈研究所，并构建了一个慈善网络，由多个国家的民间组织领袖组成，致力于从战略层面解决贫困和不平等的问题。2001年，佩姬和父亲戴维先生在希奈戈的基础上成立了"全球慈善圈"，希望能在全球范围内发展慈善事业，向需要的人伸出援手。

事实上，不仅仅是佩姬一人继承了家族的慈善事业，整个洛克菲勒家族的传人们，都在用他们自己的方式参与着这项事业。他们已经不是为了慈善而慈善，因为慈善化作了一种精神,成了这个家族的一部分,乃至是象征。

从洛克菲勒家族的实例中,我们不难看出:慈善带来的家族声誉和影响力的扩大,最终能够促进家族企业的发展和财富的增加,这是一个良性的共生循环系统。家族慈善事业也可以影响到后代,让他们真正参与其中,接触到更多的社会场合、平台,拓展社会关系网络。与此同时,有了共同的目标,也能够有效提升家族的凝聚力,树立家族精神内核,最大限度上避免家族产业断送在后代手上。

你将因你为别人做了什么而被定义

美国当纳利集团是全球最大的印刷公司之一,这个家族企业早已经打破了"富不过三代"的魔咒。当纳利家族的第五代,美国白沙投资集团创始合伙人埃利奥特·当纳利,一直重视慈善事业,他认为慈善有助于家族传统与价值观的传承、凝聚力的增强,这是打造成功家族的核心。

说起埃利奥特与当纳利家族,还有一个有趣的故事。埃利奥特·当纳利直到13岁时,才知道自己的"富五代"身份。他说:"我是在翻看《吉尼斯世界纪录》时,发现有一家企业的名字与自己的姓氏一样,我很吃惊地告诉了父亲。结果,父亲却说,我就是这个家族的成员。"

听起来似乎有点不可思议,可在当纳利家族看来,这也不算稀奇。数十年前,埃利奥特的父亲比他"蒙在鼓里"的时间更久，他直到结婚才知晓自己是印刷世家当纳利家族的第四代。在他们的教子观念里，"给孩子太多的钱会让他们认不清自我"。

1860年，埃利奥特的高曾祖父从澳大利亚来到美国。他是个一穷二白的移民者，可他非常上进。后来，他遇到一位来自名门望族的女士，两人相爱并结成连理。为了向岳父证明自己的能力，他创建了后来的当纳利集团。

当纳利家族能够传承150年，最重要的一点是，认清财富是对服务社会的追求。这一核心价值，从埃利奥特的高祖父那里，一直传承到现在。它让当纳利家族的继承者深刻理解一个事实：传承不仅仅是一场跟金钱有关的"接力赛"，财富也不仅仅是账户上面那若干个"零"。除了有形的金融资本之外，还有无形的家族资本、人力资本、社会资本，财富仅仅是最后的结果。

1952年，埃利奥特的祖父母一起创立了当纳利慈善基金会，目的是推动慈善、科学和教育。当纳利家族是在芝加哥地区发家的，他们希望回馈这个让自己摆脱贫穷的地方，因此把价值6250美元的大陆石油公司的股票中的2900美元，都赠予了芝加哥艺术学院、长老教会医院、耶鲁大学以及芝加哥大学。

1983年，埃利奥特的祖父退出集团董事会，并在同年创立了以他和妻子名字命名的慈善信托，承诺在今后25年里以当纳利集团股票的形式每年向其投入125万美元。

到了埃利奥特这一代，每个家族成员都有自己的"配额"，投向自己所关注的领域。在他看来，这是教育后代的一种重要方式，能够让他们懂得何谓责任。2006年，埃利奥特到中国参加了一个投资会议，他不希望别人以"当纳利公司"为前缀来介绍他，而是希望介绍他来自"当纳利基金会"；不是以家族企业传承人的身份出席，而是以价值传承者、基金会传承人的身份和大家见面。

为什么一定要强调"慈善"呢？埃利奥特认为，全世界的贫富差距越来越大，这对于家族、社会、国家和世界都有负面的影响，会引发气候变化、全球变暖、全球移民等问题。有时，政府可能解决不了这些问题，需要家族企业来参与。同为地球村的一员，当对社区、社会环境担起责任。

现在，当纳利家族的两个慈善基金会都交给专业人士打理，但它们折射出的家族传统和价值观并未改变。埃利奥特说："希望我们这些子孙后代可以依靠自己的能力去赚钱，然后用这些钱去做更多的善事，去创立自己的慈善基金，用更具创造力的方式去做慈善。"

传承的挑战在于，如何确保家族价值观的传承。在这方面，埃利奥特始终记着父亲的教诲："你将因你为别人做了什么，而不是你为自己做了什么而被定义。"

当前，中国的财富拥有者们也面临着如何把财富更好地传承给下一代的问题，也面临着如何培育第二代、第三代接班人的挑战。对此，埃利奥特认为，如果中国的财富拥有者走上现代慈善之路，致力于社会问题的解决，不但对中国，而且对全世界都是一个福音。

传承有风险，未雨绸缪是关键

家族企业的传承问题，是家族企业发展过程中最为敏感的问题，也是最容易产生问题的环节。把传承的问题视为家族企业的"生死劫"，一点也不为过。家族企业的继承和换代，不是一件简单的事，要同时考虑所有权变更、家庭发展和企业管理模式转换等一系列的变革。为此，家族企业传承问题就不可避免地存在独有的风险性，能否有效地规避风险，处理好传承的重要环节，直接决定着家族企业能否顺利地延续和发展。

通常来说，家族企业传承存在的风险主要涉及以下几方面：

其一，家族企业创始人自身健康及意外情况的风险。

《中国企业家》杂志通过问卷调查的方式，向252位活跃在中国商界的企业家进行了一项有关工作、健康和快乐状况的调查，结果显示：90%以上的企业家处于"过劳"状态，企业家的身体状况已成为家族企业的第一风险。

另外，家族企业创始人突然故去的风险，也有可能导致家族企业陷入群龙无首的混乱状况中。吴加兴是浙江西山泵业的董事长，至2001年7月，他在温州、上海办有多家企业，资产总值超过亿元。可谁也没有料到，他会在嘉兴市境内发生车祸身亡。吴加兴生前没有对自己的财产进行明确的处理，也没有进行过分家析产，就这样突然离世，遗产纠纷不可避免。他的妻子和儿子在三年多的时间里，打了8场官司，最终法院判决解散浙江西山泵业有限公司和上海西山泵业有限公司，吴加兴的心血就这样终结了。

其二，家企混同的风险。

对于自己一手打造出来的企业，很多创始人倾注了全部身家，充满了感情。随着企业的发展，更多的家族成员开始参与其中，家族企业治理就变得复杂了。亲情和制度的冲突开始频繁出现，一旦做不到"家企分离"，就会带来诸多的风险。比如，家族企业股东由于意见分歧而陷入"公司僵局"；再如，因缺乏家族治理而导致家族内部冲突。

另外，企业家个人财产和公司财产混同在一起，没有明确区分，也会给企业家带来巨大的隐患：一来个人账户收取企业往来经营款，导致刑事、民事双重法律责任；二来企业融资由股东个人或家庭承担无限连带保证责任，引发家财赔光的后果；三来家庭财富无条件地为企业提供支持，一旦企业出现风险，就会家财尽丧。

其三，婚姻风险。

婚姻风险体现在两个方面：一是企业创始人自身的婚姻风险，二是子女的婚姻风险。婚姻出现变故，必然会牵扯到共同财产的分配，要区分公司设立时是以个人资产，还是以家庭资产投资设立的。就算企业家是以个人资产投资设立的，那么婚后的增值部分也属于夫妻的共同财产，也要依照法律进行分割。

真功夫的创始人蔡达标与其前妻潘敏峰离婚，致使男女双方两个家族陷入争夺控股权的"战争"，继而导致真功夫上市搁浅，贻误企业发展的契机。土豆网创始人王微因与其前妻杨蕾短暂的婚姻付出了沉重的代价，其在上海全土豆网络科技有限公司中的38%的股份被其前妻申请法院保全和股权分割，最终导致土豆被优酷合并。

另外，企业家子女获得的股权，也可能变成其夫妻的共同财产，如果子女发生婚变，也会导致子女配偶要求分割企业的股权。比如，韩国首富李健熙的长女李富真，1998年与平民老公任佑宰结婚。2014年，因性格不合李富真向韩国法院申请离婚，而后引发了为期一年多的离婚诉讼，直至2016年1月法院判决李富真与任佑宰离婚。之后，任佑宰又向法院提出分割财产诉讼，其索要的69亿元人民币约合李富真持有三星集团股权价值的一半，被称为韩国历史上最高额的离婚诉讼。

其四，家族内部矛盾的风险。

一代创始人和二代继承者，因思想文化、成长环境的不同，很容易产生鸿沟，一不小心亲情都会破裂。此外，家族企业的创始人有多个子女的，也可能在子女间出现"分拆"和"内斗"的风险。

其五，难寻理想职业经理人的风险。

目前，我国各大城市都有人才交流中心、人才开发公司和人才咨询公司等中介机构。但从总体上来看，职业经理人市场的发展还是有点像集贸市场，社会中介性人力资源评估机构少，监督制约机制也不是非常健全，这就使得不少家族企业主只能选择家族成员来管理，以维持家族制企业。

另外，我国的社会信用体系还不完全成熟，国内的一些职业经理人缺乏职业道德，出于对自己利益的考虑，可能会做出有损企业利益的事情，给企业带来风险。

其六，股权代持的风险。

我国的民营企业中，股权代持的现象很普遍。有时，为了生产经营的需要，或是控股多家子公司时，企业家可能会请亲戚、朋友代持股权。然而，这种做法却不可避免地带来了一些风险：代持人随意处置资产、代持人资信问题导致资产被查封；代持人离婚、去世，导致财产被分割；等等。

要最大限度规避家族企业传承的这些风险，最好的办法就是未雨绸缪，建立切实可行的防范机制。为了增强企业的安全性，防止不可抗拒因素的发生，要重视传承人的培养锻炼，做到未雨绸缪，以防万一。

适当地建立家族成员退出机制。随着家族企业的不断发展，家族成员的资历也不断提高，个人考虑逐渐增多，个人意愿开始高于家族企业运营目标，个人偏好开始偏离家族企业宗旨时，就要让家族成员在适当的时候，以适当的方式流动到适当的位置，避免因家族关系不和而影响到企业决策。

要及早制订和完善企业传承的计划，毕竟未来接班人的培养需要时间，他们也需要获得家族成员、企业合作者、顾客等利益相关者的肯定与支持，需要在周密计划的引导下接受严格的训练。同时，传承计划要考虑权力移交的各种细节问题。

建立家族内部接班人的选择和培养机制。实现权力成功传承的企业都有一个共性，那就是：以延续企业"生命"为核心目标，通过制定明确的接班人计划来选拔和培养接班人，是最为基本的原则。

建立完善职业经理人的引入机制。富有生命力的企业，应当随着发展的进程，创新其组织形式。家族企业要随着市场环境的变化，打破传统思想的束缚，突破家业不外传的局限，在培养家族接班人的同时，也要放眼家族之外，拓宽视野，适当地引入家族外部人才。

总之，在家族企业传承的问题上，临危受命是最不可取的方式，想要把损失降到最低，提高传承的成功率，一切都要未雨绸缪。

看透、看破、看远的智慧

2017年5月25日下午，上海水星家用纺织品股份有限公司董事长李裕杰在奉贤区沪杭公路上的一家酒店内意外发生高坠，不慎从3楼高坠至底楼水泥地上受伤，医治无效，于5月26日上午6时15分去世，享年57岁。

作为水星家纺的创始人，李裕杰生前担任着公司的董事长一职。掌门人突然离世，在留下财富之余，也留下了一连串的传承悬念：企业的接班人确定了吗？股权和资产的流向是否有安排？李氏家族和水星家纺要何去何从？

从家族企业的股权结构上看，水星家纺的控股公司是水星控股集团，股权比例占70%。李裕杰个人持有水星家纺9%的股权，另持有水星控股集团35.869%的股权。他的去世必然会面临股权继承的问题，也不可避免要面对我们上述提到过的那些风险。

风险一：继承纷争。

李裕杰有四个儿女，儿子李来斌生于1986年，任水星家纺电子商务部总经理；其他三个女儿之中，李丽君担任电子商务副总经理，持股3.05%；李丽娜和李芳蕾各持股2.3%。招股书上显示，四兄妹的股份均于2015年8月由李裕杰和妻子谢秋花转让而来。如果李裕杰生前没有留下详尽的遗嘱，除了子女有继承权，李裕杰的父母如果在世，也是法定的继承人，且和子女一样都是第一顺序继承人。另外，他的妻子也有继承权。

配偶、子女、父母作为第一顺位继承人，有可能产生公婆与媳妇的继承纷争，中间股份和资产未必能够稳妥地传给子女，也可能流向兄弟姐妹。企业和家族陷入纠纷中，企业可能会面临权益不清、管理失序等问题，家族关系也可能产生嫌隙与冲突。

风险二：债务危机。

家纺行业和许多传统行业一样，产销伴随着大量的贸易，过程中经常出现债务和流动性贷款。当企业掌门人突然身故，企业的现金流是否能够维持企业正常运作？很有可能，银行会收回贷款后停止续贷。倘若没有提前筹划，债务和断贷的问题都可能导致企业崩盘。

风险三：分家析产。

水星家纺的股东，除了李裕杰之外，还有李家的其他几位兄弟姐妹。在李裕杰去世后，如果儿子作为属意的嫡传接班人，唯有他有足够的资本与家族前辈们博弈，这就使得企业有被旁系共有人控制的风险。很多企业换代传承，在接班的问题上都不太顺利，因为这个过程可能会引发股权与控制权的纷争。倘若新的接班人能够独当一面，他就能够控制全局，如果不足以担负重任，家族企业就可能被分家析产。

风险四：代持风险。

水星家纺股权结构中，股东有十几位。如果其中有出资人是李裕杰的代持人，那么，在没有安排的情况下，这部分资产很有可能被代持人吸收，失去控制权。

风险五：遗产税。

李氏家族中大量的显性资产，未来会面临遗传税的问题。如何把部分应税资产转变成免税资产，如何为显性资产对应的遗产税准备好税源，这都是需要筹划的问题。

李裕杰对家庭有特殊的感情，这一点从水星家纺的广告语中就可窥见："恋一张床，爱一个家。"他很爱自己的家人，把股份分配给企业发展过程中做出贡献的每一个家人，自己只保留了不到30%的股份。可是，要让家业长青，光有爱是不够的，还需要有看透、看破、看远的智慧，更需要有前瞻性的视野。如果不能意识到家族财富的各种传承风险，很有可能会让一生心血付诸东流。

倘若李裕杰生前能够做好筹划，设计一份妥善的应急预案，为二代的接班做好铺垫，如做好资产代持的风险防控，保持遗嘱与公司章程的一致性，避免遗嘱内容无法操作……那么，很多换代前期的风险和麻烦都可以规避。这些不是事到临头，草率几句嘱托就能够实现的，一定要事先规划。

对于换代可能产生的风险，也能够借助法律工具如遗嘱、协议，配合金融工具如保险、信托等方式，给孩子留下一笔免税的安全资产，用于定向的传承，或是应对债务、资金周转等。就算失去企业控制权的情况下，也能够保障家人的生活。

创富不易，守富更难。水星家纺的例子提醒各位家族企业创始人，提升财富管理的能力，比盲目地创富更重要。特别是

上篇　超越之基：突破传承困境 | 079

看透、看破、看远的智慧

家庭成员关系和财富结构比较复杂的家庭，一定要事先筹划，建立妥善的应急机制，为风险提供缓冲，在意外发生时能把企业尽可能平稳地交到二代手里，而不是留下伤痛和混乱。

莫让来不及发生在你身上

海鑫钢铁成立于1987年，前身是创始人李海仓以集资40万元在山西省闻喜县建立的一家合股经营的洗煤焦化厂。在李海仓的管理和运作下，海鑫集团发展迅猛，几乎以一年办一个新厂的速度扩张，撑起了整个闻喜县一半以上的财政收入，闻喜县东镇镇的6万人口中，80%的人要靠海鑫吃饭。之后，它发展成一家以钢铁为主业，融资源、金融、地产等行业为一体的大型企业集团。到2001年底，拥有总资产30亿元，经济规模跨入全国钢铁企业前20名。

2003年1月22日，海鑫集团的命运发生了转折，原因是年仅48岁的李海仓在自己集团的办公室遇刺身亡。事发突然，他没有留下任何的遗嘱，谁来掌管总资产40多亿元的海鑫钢铁呢？

李海仓有兄弟六人，他排行第三，除了最小的弟弟李文杰在海外留学外，其他兄弟都曾经或正在海鑫钢铁任职。大哥李天仓是创业的元老之一，但后来退居二线；李海仓的五弟李天虎担任集团总经理。李海仓还有一双儿女，他遇害时，22岁的独子李兆会正在澳大利亚留学。作为创始人，李海仓持有海鑫钢铁90%的股份，拥有绝对控股权，在继承的问题上，独子李兆会作为第一人选基本没有异议，其他元老和家族长辈也表示，会辅佐他"尽快成才"。

2003年2月18日，李海仓去世28天后，李兆会接管海鑫钢铁集团的董事长职位。他不太乐意接班，但还是信誓旦旦地撂下一句话："公司是我父亲的，不能让它败在我手里。"

李兆会接班后交出的成绩单颇为亮眼：2003年，海鑫钢铁总产值超过50亿元，上缴利税超10亿元。2004年，海鑫钢铁总产值70亿元，利税12亿元，为中国民营企业"第一纳税大户"。2005年，全国钢铁行业进入低潮，可即便如此，李兆会还是创造出了年销售额80多亿元的成绩。

然而，乐观的景象并未持续太久，这场毫无预兆和准备的"接班"就暴露出了各种问题。

李兆会不太喜欢事务繁重的重工业，他更乐于做资本生意。他把精力放在了股权投资上，成为资本市场上的一匹黑马，靠着"炒股"，他赚了超过40亿元。凭借这番业绩，年仅27岁的李兆会以125亿元身家成为山西最年轻的首富。

2010年1月25日，李兆会迎娶女明星车晓，那场婚礼奢华至极。据说，海鑫集团的1万多名员工，都收到了500元的红包。这就是说，仅发出去的红包钱，就有500万元。然而，一年零三个月之后，这场婚姻以失败告终。

李兆会醉心于股权投资，钢铁主业逐渐被荒废，又遭到行业寒冬，公司状况越来越糟，银行抽贷雪上加霜。2014年春节之后，海鑫钢铁的负面信息全面爆发：资金链断裂、债务危机、拖欠工资、炼钢炉停产……

2014年3月19日，海鑫钢铁全面停产。2014年11月，海鑫钢铁申请破产。至此，海鑫钢铁在李兆会手里11年之后，走到了尽头。李兆会本人也是官司缠身，2017年12月，他更是因为共同担保欠下的2.16亿元债务难以偿还，被上海高级人民法院限制出境。

一个庞大的钢铁帝国，就这样彻底化为了乌有，这恐怕是李海仓活着时从未预料到的事。纵观整个事件，我们会发现，海鑫钢铁有几大问题是值得其他家族企业重视和反思的：

其一，没有提前做好传承规划。李海仓突然遇刺身亡，其接班人李兆会在毫无准备的情况下终止了学业，回来接手家族企业。在此之前，李兆会并未涉足过企业的生意，突然接手必然会遭遇各种阻碍。事实上，这个问题也是很多家族企业共有的，创始人尚处于壮年，总觉得谈死亡太早，谈意外不吉利，但事实告诉我们：谁也不知道明天和意外哪一个先来。

其二，权利不受约束，无心主业。李兆会接手海鑫钢铁之后，把大部分的精力投入到资本市场，经常进行快进快出的投机操作。虽然短期内也见到了收益，但这种无序的投资手法，最终还是拖累了海鑫集团的现金流。

其三，低谷时没有可靠的助手。李兆会接班后，比较排斥有能力的元老，并与外界断绝接触，这使得在 2009 年钢铁行业遭遇寒冬后，企业缺少一个能够引领企业渡过寒潮的核心人物。当年，李海仓担任全国工商联副主席时所留下的社会资源，在此之前也已经消耗殆尽。

其四，婚姻的破裂造成财产分割。这一点，我们在前面提到过，虽然企业家们对于财富保护的观念已经有所进步，但多数人还不太懂得运用正确的法律条款和金融工具管理企业家婚姻、继承等家事风险，不得不说，这是一种遗憾。

倘若时光能倒流，海鑫是否可以改写命运呢？如果李海仓能够在家族企业传承方面有足够的危机意识，提前做好传承规划，以及遭遇风险时的应急预案，情况很有可能会不一样。举个例子，假如李海仓能够设立家族治理委员会和企业治理委员会，从不同角度对家族治理提出一些独特的意见和见解，促进家族内部团结和谐，当家族内部出现矛盾时就能充当调解润滑剂。之后，再效仿李锦记的方式，设立家族宪法，明晰家族核心价值，从制度上约束家族成员的行为，就能够为家族矛盾和纠纷提供解决方案。

倘若李海仓生前设置了这样的架构，在他遇刺身亡后，家族治理委员会可以决策确认继承人选，并对继承人给予必要的支持，有效地保持家族内部的凝聚力。同时，企业治理委员会也可以在李兆会接班后，对其工作提供帮助，在他无心主业的时候继续领导企业有效经营，平稳度过波动期。

很可惜,历史无法重来,更无法假设。但是,海鑫钢铁在传承中的这些问题,对于即将进入接班潮的中国民营企业群体来说,仍然是一个教训和警示。但愿所有的家族企业创始人,都能够吸取前车之鉴,提早做出规划,最大限度地实现家业、企业的保护与传承。

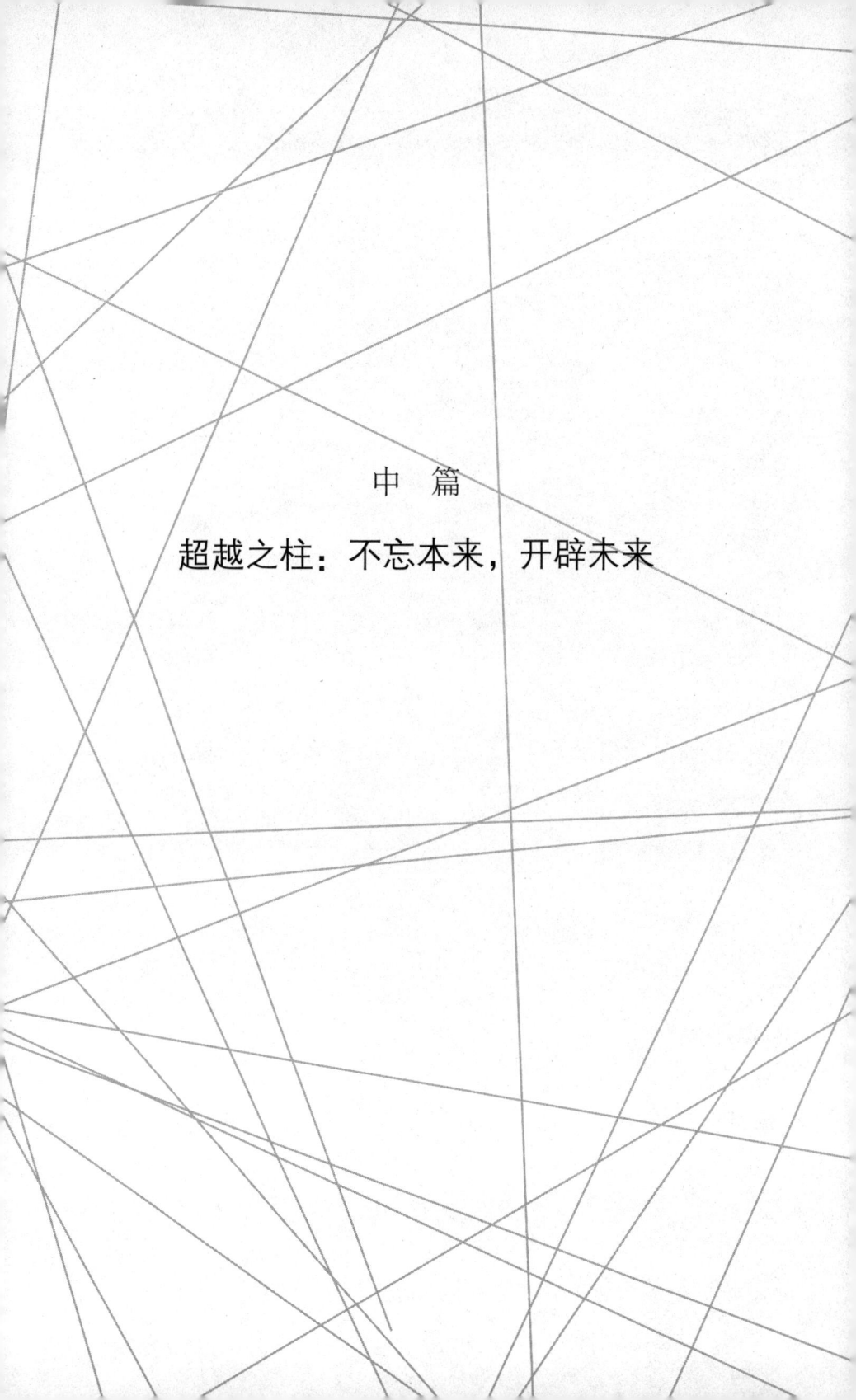

中 篇

超越之柱：不忘本来，开辟未来

欲戴皇冠，必承其重

20世纪初，在甘肃敦煌附近的藏经洞，发现了两份郡望列表，时间可追溯到唐代。这是当时权相李林甫主持的官修大族目录的一部分，分别记录着258个和791个姓氏。在门阀世袭的唐代，拥有这样的姓氏，就意味着获得了进入社会精英阶层的通行券。

对古代人来说，踏上仕途之路几乎是所有人都在追求的目标，只有通过这种途径，才能振兴或维护家族的声望。唐代的门阀大族也是这样，他们的墓志铭往往要从遥远的家世开始写，叙述自己的祖先在什么时候担任什么官职，以显示家族的荣耀。

其中有一些大族成员，墓志铭在书写家世时，竟是从战国时代开始的，他们的祖先在当时宋国担任司徒，此后，这个家族的成员还担任过将军、太守、太尉等。对于世家子弟来说，祖上如此优秀，既是一份荣耀，也是一份压力。他们需要在个人志趣和家族责任之间做出选择，如果任性而为，很有可能会让家族走向衰落，数年不得复兴。这也从某种角度上阐释出一个事实：继承家业不是儿戏，欲戴皇冠，必承其重。

许多面临接班的二代对于家族企业传承并不完全理解，也不太清楚它的意义何在。事实上，家族企业如果能够实现代代传承，是一件益处相当多的事情。

其一，家族企业的创业经验，可以一代代地沉淀、积累，不用总是摸着石头过河，可以避免不少的弯路。

其二，家族企业的资产和财富有了一定的积淀，不用再从原始积累的阶段开始。

其三，家族企业的品牌和声誉能够得到延续与发展。

其四，子女创业基础的累积，不必像父辈那样白手起家、从零开始，而是有一个很好的平台和基础。

其五，家族成员已经有了一定的社会地位和声誉。

其六，家族文化也已经有了一定的积累和浓缩。

有句话说得好："当你想变得高大的时候，最好是站在巨人的肩膀上。"家族企业，就相当于一个巨人，如果能够顺利地代代相传，对于创始人来说是一个欣慰，对于继承者来说也是一个机会。

话说回来，只站在巨人的肩膀上还不够，继承者还必须要有所作为。因为接班这件事，责任和担当远远比荣耀更重要。放眼望去，无论国内还是国外的家族企业，每一个敢于接班、勇于创业的接班人，都是富有强烈责任感和担当的人。

我们都知道，一代企业家在创业时，主要面临的困境是政策与社会环境的限制。中国很多一代企业家所处的年代，商品短缺、物资匮乏，但也隐藏着不少的商机。只要有足够的企业家精神和商业头脑，创立一个企业、成就一份事业，也不算太困难。唯一困难的是，那时没有可效仿的模式，也没有教科书，一切都得摸着石头过河。

而今，到了二代接班时，各种制度、法律法规、政策和程序都慢慢趋于成熟，这为民营企业的管理提供了一个相对稳定和健全的经济环境。但与此同时，时代的发展和社会的变化，也让整个市场经济环境变得更加复杂和严峻。可以说，没有哪个行业是"容易"做的，处处都充满了残酷的竞争。对于接班的二代们来说，不仅要掌握企业经营管理方面的知识，提高自身的经营能力，还需要有在复杂多变的环境下继承家业的勇气。

当前的社会大环境也有些浮躁，过激的成果主义绩效管理被广泛推行，急功近利的思想、一夜暴富的欲望，蔓延到社会的每一个角落，每一个阶层。多数家族企业的二代们，就是在这样的环境下成长起来的。不少二代都是独子，父辈们为了让他们能够接受更好的教育，有更广阔的视野，纷纷将其送到国外读书。初衷甚好，可对于二代们来说，这也是来自于父辈和家庭期待的压力。更何况，民营企业的第一代创始人个人气场都很强大，他们在动荡的年代能够脱颖而出，闯出一片天，到了面对家业传承的问题时，这种气场却会给二代造成无形的压

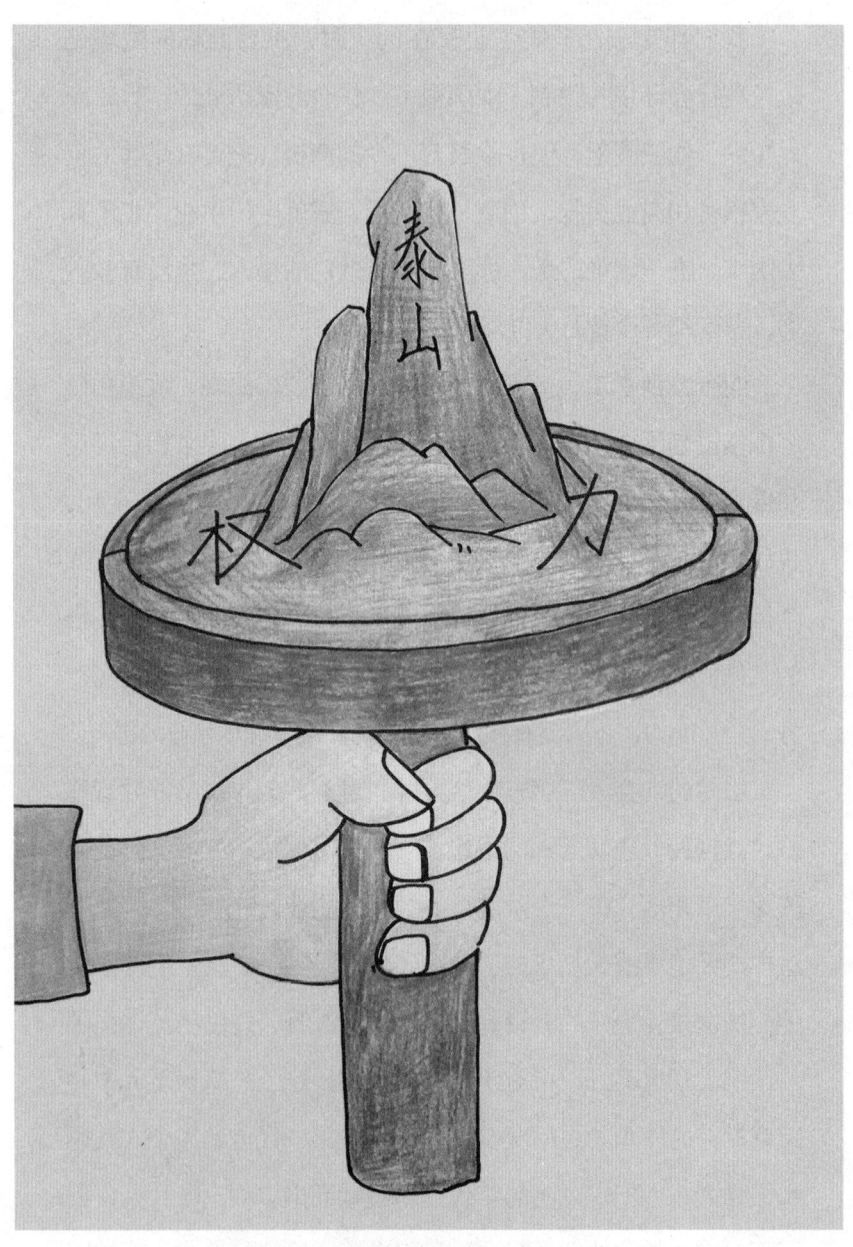

欲戴皇冠，必承其重

力，让他觉得两代人之间无法理性地交流和沟通。

如果接受过海外教育、视野宽广、思路多样化的二代，其梦想与家族企业愿景重合，或基本一致的时候，家业传承会相对容易一些，但这终究是小概率事件。在市场瞬息万变的今天，二代接班需要的是莫大的勇气，承担起内外的各种压力，回归家业，捍卫父辈打下的那一片江山，所能够支撑他们的，全是内心深处的那份责任与担当。

接班是一份沉重的责任

"企业一旦冠上'家族'的标识，就意味着一份沉重的责任。"

这句话出自一位"80后"新生代企业家之口，他是2017年财智名家"管理江西"杰出贡献奖获得者，也是江西百神药业股份有限公司的董事长，更是一位29岁就接管家族企业的继承者。他，就是付诚。

对于接班这件事，付诚的态度很平和，不抗拒也不主动。2005年，24岁的付诚从法国普瓦提埃大学毕业，那时的他并未想过回到家族企业工作，他希望能在法国继续深造。当时，企业的职业经理人因为经济问题被辞退，父辈希望他能够回来，从基层开始熟悉业务和企业。

显然，这是父辈们对付诚的期待和安排，但他心里也明白："这是一份责任，在这个家庭环境中，就有义务去承担这个责任。"就这样,他进入家族的百神药业,从基层业务员做起,在一线打磨自己的经营管理能力。2006年1月,付诚调任集团销售部部长;同年8月开始任江西百神药业集团有限公司总经理;2013年正式接任百神药业股份有限公司董事长一职,全面接手集团的药业部分。

初看,付诚是一个顺从父辈意愿的人,可当他真正踏入百神药业之后,却彰显出了雷厉风行、大刀阔斧的一面。掌管企业之后,他在企业中有绝对的话语权,强势的变革让这个看似顺从的"80后"凸显出了一份霸气。

刚刚担任总经理那几年,付诚过得并不容易。虽然有头衔,可总觉得是被架空的,大事都由父亲和高层决定,小事又轮不到他处理。他也理解,父辈们对于自己接班之事也没有经验,只是希望他能够尽快适应和改变,但没有做好引导的工作,完全是靠他自己去探索,这个过程持续了两三年。

在最初的接班过程中,付诚承受了巨大的压力,但他也体会到了一点:老板不好当。面对岗位对自己的要求,经验和能力不足,无法做好或做错,都会让人有压力。有一次,他在合同中被合作者抓到了漏洞,直接损失了一百万元,这是他过去不曾想到的。

作为初出茅庐的年轻掌门人,在面对成长环境迥异、操持管理多年的父辈前辈时,必然会遇到管理理念、发展方向上的不协调。

中国民营企业在传承中，最常见的问题就是角色错位，究竟什么事情上是父子关系，什么事情上是上下级关系，并没有清晰的界定。但在不断磨合的这些年里，付诚做得很好，他说："最大的成功，是在一定程度上可以影响到父亲。过去，不管是家里还是企业，都是父亲一言堂，说一不二的；而今我可以充分发表自己的看法。"

在父辈们的观念里，总觉得工作时间长做事就多，可付诚却认为工作时间≠工作效率。员工如果能全身心地投入工作，每天24小时是工作时间，如销售的岗位。若是心不在焉，就算延长时间，效率也得不到改善。所以，他曾经一度提出改变工作时间，把原来的8点钟上班调整为8点半，在工作中试行半年。

百神药业最初是由付诚父辈兄弟几人一起创立的，所以企业中的核心岗位都由家族成员担任，可以说是一个家族氛围很浓的企业。付诚认为，当企业充满人情管理时，管理流程就会变得不清晰，出现问题互相推诿，有了成绩也很难说是谁的功劳。所以，他提出企业要有规范的管理体制，发挥所有人的能力，实现责权利相统一。

创业不易，守业更难。付诚深知，接班接的不仅仅是财富，还有员工管理、人才战略、品牌传承，这都是需要他思考的问题。现如今，内外环境不断变化，父辈们曾经赖以成功的条件都在改变，想要单纯地"守"业很难，必须要在企业治理、产业选择上进行转型和创新。

从24岁进入企业，到如今已有十余年。付诚从各方面来讲，都迈进了一大步，也算是家族企业二代接班的"前辈"了。对于刚刚接班和正准备接班的二代，他从自身的角度，给出了几条诚恳的建议：

· 慎重考虑是否进入企业，不要违背自己的初心。如果不是很情愿，这个抉择会很痛苦，对自己、对家人、对企业的发展都将是一件痛苦的事。

· 如果你有这个能力，应该主动承担责任。

· 从底层做起，只有这样才能更好地了解企业，考虑问题也更全面。

· 提升个人能力，不断学习，应对市场变化。

· 进入企业之前做好心理准备，当你把责任摆在第一位时，很多事情也就明白了。责任需要付出，需要做很多你不愿意做但又必须做的事情。如果没有把接班当成一种责任，有很多事情你会不愿意做，影响企业的发展。

"不能让百年家业在自己这一代结束"

半兵卫麸已经实现了320多年的持续经营，就算是在危机之际，也能迅速实现家业的复兴，并发展成全日本知名的老铺企业。在这320年里，国际环境发生过无数的变化，日本社会也经历了风风雨雨，半兵卫麸之所以能够屹立不倒，靠的就是对家业传承的重视，以及历代继承者们对"先义后利、不易流行"这一家训的谨记与践行。

半兵卫麸创立于江户时代初期的1689年，在日本京都的皇宫里担任厨房杂役的第一代玉置半兵卫学会了在当时被誉为高级食品的"麸"的制作方法。后来，他辞去杂役工作，在京都开了一家名叫"半兵卫麸"的店铺，也就是现在的"半兵卫麸株式会社"的雏形。

第一代半兵卫，靠做麸的技术起家，历经千辛。第二代半兵卫目睹着父辈创业的艰辛，拒绝接受店铺，把店铺交给了自己的太太。第三代半兵卫看着洒脱的父亲和操劳的母亲，一心想报答母亲，积极地参与到店铺的劳作中，让店铺的生意得到了前所未有的发展。他不但对生意用心，也善于钻研学问，特别是日本思想家石田梅岩的"石门心学"。在实践中，他把"石门心学"演绎发展成自己的伦理观，并最终决定将其作为半兵卫麸的经营理念。

半兵卫麸历经320多年，并不是一帆风顺的，其间经历了许多次关系到生死存亡的危机。在江户时代末期，也就是第七代半兵卫掌门时，日本因干旱发生饥荒，第七代半兵卫坚持三天三夜不吃饭，最后一天不喝水，把自己体内调整干净后，身着干净的白衣亲自进入井底挖掘，最终让甘泉喷涌而出。

"二战"前夕，第十代半兵卫把生意打理得很是红火，在名古屋和大阪都开设了分店。战争爆发后，半兵卫麸的经营环境发生了巨变，没有原材料和生产设备，被迫陷入长期的休业中。家业的困境让第十代继承者身患恶疾，1953年第十一代半兵卫接替了父亲担任店主，再一次白手起家，最终使家业复兴。

第十一代半兵卫从父亲那里传承下来的，不仅仅是店铺和麸的制造技术，还有代代相传的经营理念。对他而言，这是一份沉重的责任。半兵卫麸强调"先义后利"，意指不要为了满足金钱的欲望或个人私欲来做生意，这样必将会误入"通过骗人来赚钱"的歧途，最终自取灭亡。做生意要以为他人提供方便为目的，从中获得的利益也必须是为了社会的进步。

关于"不易流行"的经营理念，也是半兵卫麸祖祖辈辈传下来的行商之道和处世之道。第十代半兵卫曾经告诫幼年的玉置半兵卫："你以后必须以一个创业者的身份来管理家业，不能只是做那些从父辈那里继承过来的东西，不能仅仅是守业……时代不一样，人们的生活和需求不同，你必须做到坚持不能改变的东西，改变必须改变的东西。"

对于继承家业这件事，玉置半兵卫在年轻时也有过纠结。"二战"后，受美国文化的影响，日本民众的饮食习惯发生了改变，他认为今后不会再有人来买麸了。可是，父亲的一番话却让他改变了主意："我们的家业是经过数代传承下来的。你如果不接班，我就对不起祖先，死不瞑目。我们家训有曰'不易流行',你可以去做新的生意,新的商品,但这个麸店铺却一定要存续下去。"

对家族企业的历代掌门来说,把家业传下去是一份责任,而对于继承者来说,接班同样是一份责任。玉置半兵卫说:"这么多年,我对经营家业的感受,就是如履薄冰。就像是走在非常薄的冰面上,一不小心就会落得个冰破人陷,所以一直以来都非常谨慎。没有办法,300多年的家业,不能在我这一代葬送掉。"

不仅仅是半兵卫麸,同样经营了340年的老铺企业田德兵卫商店第十四代总裁增田德兵卫,作为家族企业的继承者,他的内心也有同样的感受:"作为一个300多年老铺企业的接班人,其实是很不容易的,至少我自己感觉压力非常大,总不能让家业在自己这一代结束,所以对我来说,最重要的工作和责任就是把家业稳健地发展好,并将它交给下一代。"

从这些百年老铺企业的第N代接班人的话语中,我们能够体会到一种"沉甸甸"的压力和责任。但也正因为这份强烈的责任感,才让他们选择了知难而上,勇敢担当。就只这一点上,他们就值得被世人尊敬。

在自己家族打工是更好的选择

27岁的陈玉禾,是马来西亚丰利农业有限公司的市场营销总监,其家族的创业故事也非常精彩。20世纪初,马来西亚是许多中国人下南洋的第一站。陈玉禾的祖父，就是其中的一员。当年，为了逃离战火连天的祖国，他背井离乡来到这里，靠卖粥为生。陈玉禾的父亲和他的兄弟姐妹，从小就在祖父的店里帮忙。

陈家的转折是从父亲20岁那年开始的。父亲到姐夫的饲料厂打工，在解决了温饱的问题之后，他开始思索创业之事。1988年，父亲只有24岁，他听说吉兰丹州的饲料市场是一片空白，就想抓住这个商机。无奈没有足够的启动资金，父亲就到吉兰丹推广销售。

历经艰辛，父亲的生意在一两年后开始有了起色。1990年，父亲在饲料行业有了立足之地，不但扩大了仓库，还聘请了20名员工，开始扩大生意版图。1997年，马来西亚的很多企业因全球性经济危机而歇业，还有不少企业选择了"跑路"。面对客户的逃跑赖账，丰利自然也受到了巨大的冲击。但父亲知道，低调抛售饲料的话，只会两败俱伤，唯有通过合作，才能维持饲料的正常价格，保证长期利润。

父亲是对的，丰利从国外引进了不少先进技术，提高了生产效率，规模也日益变大。2008年次贷危机爆发后，父亲又把危机变成了转机，趁机低价收购了不少地皮。经济复苏后，房价逐渐增长，家族产业也获得了不少的收益。

父亲年岁大了以后，自然要考虑传承的问题。陈玉禾原本对接手家族企业没什么兴趣，也不太了解父亲的事业。中学毕业后,他就到外面打工,尝试了不少工作,也吃了不少苦。后来,父亲劝他回到家族企业做帮手,从基层做起,而他也觉得父亲给自己提供了很好的机会,在自己的家族企业打工是更好的选择,就自愿选择了留下。

一开始,陈玉禾在企业里的工作就是打杂,在此过程中了解整间工厂的运作。由于从基层起步,他对公司的运作越来越了解透彻。在参与家族企业管理的初期,父亲先安排他管理家族旗下的非主营业务,通过他的实际表现考量他是否有独当一面的能力,是否可以担当接班的重担。在五年的试用期里,陈玉禾把企业打理得井井有条,他的能力得到了父亲的肯定。

在逐步接手家族企业的过程中,陈玉禾开始对企业进行改革。首先,在企业中推行电脑化,以跟上时代的步伐。其次,利用自己企业在饲料生产上的经验与核心技术,提供代工服务,扩大市场曝光率。最后,积极开拓新市场,推出新产品,提供新服务。

要说最大的变革,还是改变以往的用人模式。陈玉禾提出,生意上应当尽量避免和亲戚有过多的来往,毕竟生意要求公私分明,而华人又总是注重礼数,最后往往就把问题搁置了。之前,他也请亲戚入职过,但结果不如预想得那么好,反倒矛盾重重。汲取了这个教训后,他不再聘用任何亲戚朋友。

陈玉禾把父亲视为偶像,欣赏父亲胆大心细的作风。在继承家业的同时,他也继承了父亲敢想敢做的企业家精神。虽然陈玉禾很年轻，可他并不急于证明自己，做事很有耐性。提起在传承中两代人相处的要点，他总结出几条心得体会：

其一，父辈在交接时要给予下一代充分的信任和施展能力的空间。父亲从来不会对他的工作施加压力，给了他足够的发挥空间，正因为此，他才乐意留在家族企业中。毕竟，年轻人都不喜欢被捆住手脚，总希望有一个实现自我价值的平台。

其二，父辈在交接时要敢于放手，而接班人也要对家族企业的业务足够熟悉。因此，父辈们应当早点让下一代接触家族企业，经常带他们到企业中，培养归属感。在陈玉禾看来，归属感是家族企业长青的重要因素，没有归属感就不会有责任感，而责任感是家族企业的命脉。

谈及自己的下一代，陈玉禾表示，他不会强迫孩子继承，而是尊重他们的人生选择。

努力成为别人永远是一件让人精疲力竭的事

对所有的家族企业二代来说,接班的压力都是巨大的。他们总是不断地被拿出来和父辈们进行比较,原本只是一个很小的失误,都会被无限地放大,可辛苦努力取得成绩却被想当然地认为是托庇祖荫。

每个二代接班人的个性、家庭模式、生理特征、时代特点、教育程度都不一样,当他们进入家族企业之后,会不可避免地面临一连串的冲突。有些一代创始人事无巨细都要过问,或是个人领导力超强,使得媒体与社会对两代人品头论足,相互比较。

不得不说,这些问题都是导致二代不愿接班,或是交接受阻的重要原因。

诚然,一代创始人有其独特的风格,也有其值得学习和效仿之处,不少企业领袖的传记是畅销书,其中的一些佼佼者还会成为引领行业的标杆。但需要注意的是，许多"故事"在加工的过程中，往往会把成功归结于创始人神奇的素质才能，导致有些二代对父辈的过度效仿，哪怕不惜代价也要避免失败，就是怕遭人诟病。

中国文化书院副院长陈越光，曾经对家族传承者们说过这样一番话：三十年内，你们在传承时会遇到三个路口。第一个路口，德尔菲神庙路口：点亮你的心灯，照亮自己——找到你最喜欢、最可行、最擅长三者重叠的部分。第二个路口，佛洛伊德路口：在父业中认出自己——在企业的愿景中理解自己的人生意义和生命的价值。第三个路口，哈姆雷特路口：穿越生死的生命融入志业中——真正懂得并完成被命运召唤的事情。

这番话，对于所有二代来说，是值得铭记和深思的。努力成为别人，永远是一件让人精疲力竭的事。就像菲拉格慕集团的马西莫·菲拉格慕指出的那样：你只需要做父亲的复制品这样一个想法的危险之处在于，你没能"真正理解你人生的使命是什么，你需要怎样把前辈传下的事业推向更高程度"。

讲一个关于"画二代"的例子。当今画坛上，子承父业的"画二代"有很多，他们从一出道开始，头上就顶着父辈的光环。罗中立之子罗丹，就是一个典型。但是，他并未走父亲的原路，而是选择了一条属于自己的路，用通俗易懂的图像来表达自己的创作思想。他的内心里生活着一个摇滚青年，在他和父亲之间鲜明地画出了一条线。

父亲罗中立影响着罗丹，让他走上了艺术之路。但父亲的光环，并未成为罗丹的限制，他选择了突破和超越，最终形成了自己特有的艺术风格。他坦言，自己当初在选择创作路径时，也刻意跟父亲有所区别。后来，他渐渐领悟到，画里不能一味是情绪，还要有绘画本身的东西，这也是父亲给他的提醒。如今，他越来越领略到传统之美，开始找寻超越彼此的极点和界限。

李可染大师的儿子李小可，也没有完全继承父亲的创作模式，师其心而不蹈其迹，他的山水画作彰显出了全新的艺术格局。还有李苦禅之子李燕，从小跟随父亲学习画画，但他的画题材很广，也不拘泥一种风格。

"画二代"也好，企业家二代也罢，在传承的路上几乎都要经历一次身份认同的危机。在这个危机中，成长中的接班人，面对在前辈的传奇中迷失自我的危险，接班人将被迫面对被视为前辈复制品这一尴尬现实。在这个至关重要的转折点上，接班人要敢于走出对上一辈的传奇迷思，回归真正的自我。

撕掉"富二代"的贬义标签

一直以来，人们对"富二代"的印象大都是香车美女，奢华生活，等待接班。但实际上，这只是一个片面的认识。

2017 年 7 月，在法拉利亚太挑战赛第四站日本富士拿下两连冠，并在年度积分榜上追赶至第二的选手，就是一位富二代。许多人只看到了赛场上叱咤风云的他，却没有看到比赛结束后，他马不停蹄地赶到东京，隔天一早飞往美国的哈佛商学院上课。

他的名字叫臧侃，不是一个职业赛车手，而是一个家族企业的接班人。他的父亲在1992年创建了一家普通的汽车修理厂，如今已经成为在全国拥有超过70家高端品牌汽车4S店、年营业额超百亿的汽车经销集团——贵州通源集团。

臧侃目前在自家的企业里担任副总经理的职位。他接触过许多跟自己身份类似的二代企业家，为此他一直在强调："富二代不是贬义的代名词，恰恰相反，他们大多数没有淹没在父辈的光环里。很多人的努力程度、自律程度以及对自己所在行业的理解程度，远远超过外人的想象。"

在企业的很多决策上，父亲尊重臧侃的意见，也支持他的新想法，但有一个前提条件，就是臧侃必须要通过努力证明自己的能力。毕竟，父亲在做决策时，要对整个企业负责。他需要说服公司的元老、高层以及员工，这就需要臧侃依靠自己的实力去证明他是对的。

臧侃很早就猜出，父亲有让他接班的计划。在美国读书期间，他每年暑假回国都被安排到企业里做事：16岁在汽车4S店做洗车工，17岁到车间当修理工，18岁做商务会议英语翻译……可以说，所有的锻造是从最基层的岗位开始的。

臧侃记得很清楚，2013年的那个圣诞夜，他从美国回到贵州，在家里刚待了两个星期，就被父亲安排到深圳担任集团下属一家宝马4S店的总经理。那时的臧侃，只有23岁。他只身一人来到陌生的城市，要带领200多位员工，无疑是一个巨大的挑战。当他了解了这家4S店的真实情况后，才意识到父亲是在考验自己。这家店在他回国的前一年，是整个集团中经营状况最差的一家，而深圳地区的竞争又是行业中最激烈的。

对臧侃来说，当时的压力可想而知，一来没有任何的经验，二来又顶着父辈的光环，整个集团的几千名员工都在盯着自己，看看他到底能不能成功，能不能担负起继承家业的大任。

上任之后不久，臧侃就发现了这家店的问题所在，整个团队的工作状态都很消极，基本上是一对一的沟通方式，非常封闭，大家在会议上都不愿意发表自己的意见。怎么办呢？没有现成的模式可供参考，臧侃就只好先从自身做起。他放下身段，把"美式"沟通的方法用在团队中，从非正式场合开始，跟大家融洽关系。换了一个轻松的环境，员工们开始愿意跟他坦诚地聊聊天，说出自己的真实想法。

身为管理者，臧侃从来不摆架子，反倒很虚心地向员工承认自己的不足，跟团队互相学习。在潜移默化中，他被团队完全接纳了，而团队的状态也发生了质变，大家都变得主动了，乐观取代了消极。

一年之后，臧侃带领的这家店，就从业绩倒数第一、严重亏损一跃成为集团的领跑者。臧侃感谢父亲给予自己的这次机会，他也从此爱上了挑战。之后，佛山的一家宝马4S店由于重大的人事变故导致总经理一职空出，臧侃主动找到父亲，请求调到这一职位上。他在美国学习期间，访问了不少欧美的百年家族企业，也认识到自己才刚刚起步，只有靠自己的双手才能创造价值，靠实力才能赢得尊重，除此之外，没有任何的捷径。

经历了两年的磨砺，臧侃于2015年年底回到集团总部，和父亲一起共事。两代人在经营理念上经常会产生分歧，但臧侃不会认为父亲的想法"过时"。每次遇到意见相左而没有定论时，他都会到公司楼下，静静地望着集团总部的大楼。这栋大楼建于20年前，那时的中国还没有所谓的4S店，而父亲却很有远见地建了这栋软件和硬件至今都不过时的大楼，而位于总部的第一家4S店到现在还是全国最优秀的丰田4S店之一。

臧侃尊重父辈，因为他们身上有许多值得学习之处。与此同时，他又不会活在父辈的光环下，作为继承者，他一直认为，上一代的管理经验与新一代的视野理性地结合起来，会让企业发展得更好。

传承与创新都是永恒的主题

我们为什么要传承？

借用先人对《华严经》中几句经文精髓的诠释来讲，就是"不忘初心，方得始终"。

所谓初心，就是在起点时许下的愿望，是一生坚守、渴望抵达的目标。不忘记最初是什么令自己开心，就能够心甘情愿接受过程中所有的艰辛。不忘初心，就会有一份生生不息的力量。

家族企业中的许多东西，无疑是需要传承下去的。

日本有一家小丸屋株式会社，创建于1624年，是一家专注于制作团扇和各种折扇的老铺。很多人不解：一把小小的扇子，如何惊艳了四百年的时光？

小丸屋第十代女掌门住井启子给出的答案是：对品质近乎苛刻的追求！她说："对品质绝对不能妥协，不要去想短期的利益。坚持做自己的事情，做出好的东西，这也是我们一直持续到现在最重要的关键点。我们一直采取这样的方式在持续传承。"

这就是一个百年老铺持续不衰的秘诀，也是这个家族企业不可磨灭的传承精髓。

只有传承，还远远不够。

品牌是祖辈创造并流传下来的，也是家族的宝贵财富。但是，企业想要传承下去，就必须进行品牌的持久化和更新化。再大的家业，如果一味地墨守成规，最终都会坐吃山空。家族企业要考虑依靠技术创新充实品牌，或是依靠产品升级和产业升级来突出自己的优势。

以李锦记为例。1888年，李锦裳先生在广东珠海老家发明了蚝油，之后创立了李锦记品牌，并在香港设立了总部。时隔130年，李锦记已经成为全球华人家喻户晓的酱料品牌。李锦记第四代传人李惠森坦言，李锦记深知传承与创新对家族企业的重要性，在这方面既有经验，也有教训。

20世纪六七十年代，李锦记发生过两次家变的惨痛经历。为此，他们创造性地成立了家族委员会，通过一系列机制化的管理，以家族价值观和家族宏图为基础，进行制度性的沟通，踏上了一条现代家族治理传承之路。

截至目前，李锦记家族已经有四位第五代成员加入到家族委员会中，参与家族的核心管理。第五代人的加入，促进了李锦记家族的传承创新，也让它的未来有更多的期待。当有人问起，李锦记是如何保持长盛不衰的？李惠森总是说："永远创业。"

所谓的"永远创业"，就是在传承核心与精髓的基础上，不忘初心，开拓未来。

经济形势时刻都在变化，经济周期也总是跟技术的重大变革密切相连。任何一代的家族企业的继承者，都应当与时俱进，不能抱着"以不变应万变"的策略，要不断根据新情况，作出新判断，提出新理念，否则终将会被市场抛弃。

接班，应该是一个扬弃的过程

浙江金昌房地产集团有限公司是一家颇受人尊重的企业，它曾经连续五年登顶绍兴市纳税排行榜首位，并成功打造了大批的高质量楼盘，影响和改变了许多人的生活。和这家企业同样为人们所尊敬的，还有背后的女掌门潘亚敏。

潘亚敏学的是美术，20多岁时，她的愿望就是当一名老师。因为她的父亲曾经就是一位校长，后来下海经商，这个选择也改变了潘亚敏的人生。金昌集团创建于1993年，潘亚敏从1998年开始进入家族企业工作。她每时每刻都在向父亲学习，学习他的处事作风和精神品格。

2010年初，父亲突发脑溢血，一度昏迷不醒。无奈之下，潘亚敏提前从父亲手中接过"权杖"，担任金昌集团董事长。最初,她对接班之事很抗拒,因为目睹了父亲创业的艰辛过程,虽然父亲很成功,可她觉得做一个女老总压力太大。但是,父亲的一番话让她改变了想法:"我给你的这个平台,是多少人梦寐以求的。你不要当成压力,要当成是你实现人生价值的一个平台。"

危急时刻,作为长女的潘亚敏必须承担起支撑企业的重任,作为继承者她也必须让自己的家族企业平稳渡过特殊时期,不能让父亲辛苦经营十几年的成果付之一炬,更不能让金昌人因此丢掉工作。

潘亚敏深知,接受金昌集团,是一份信任的传承,也是一份责任的延续。虽然已经做好了心理准备,可现实中遇到的困难远比想象的要多。过去,在遇到重大决策时,她只是一个参谋,而今却要成为拍板之人,这种压力比先前大很多。同时,她还要小心翼翼地处理与各方的关系,避免金昌集团发生震荡。

历经一年左右的时间,金昌集团终于"软着陆",并在潘亚敏的带领之下,踏上新的征程。成为金昌集团董事长的第三年,潘亚敏开始着手按照自己的意愿,对金昌集团进行逐步整合,寻找新的突破。在这期间,她跟父亲之间的情感,也从"矛盾"发展成默契。

对于二代接班这件事,潘亚敏有自己的看法。她认为,为了彰显创新精神而将父辈留下的企业改得面目全非或是贸然转型，是不可取的。但是，一味地墨守成规也不适应形势的发展。接班，应该是一个扬弃的过程，把好的东西传承下去、发扬光大，把不好的东西剔除掉，为企业注入适应新形势的内容。

不辱使命，推陈出新，潘亚敏先后获得"长三角十大杰出青商"、新型城镇化十大功勋地产人物、2013年度浙江省住宅产业十大领军人物等荣誉。潘亚敏并不满足于现状，她提出"二次创业，再次提升"的理念，通过不断地突破自己、激发潜能，向自己挑战。同时，不断地学习，积淀丰富的人生，让自己和团队为企业的明天共同努力。

在既有路线中走出新风格

说起马来西亚本土标志性的华人零食，很多人会想到马广济柠檬饼和杏仁粉。都说时间可以改变很多东西，但是马广济秉持的初衷却一直传承了67年，从未变过。

马广济企业起源于中国广东省老字号中药铺"广济堂"。马友仁得父亲衣钵传承至马来西亚创办马广济。至今，马广济已经传承到了第三代——总经理马谊棋、营销总监马贻琬、生产经理马荣骏。他们是二代传人马兴华先生的后代。三代继承者表示，他们希望在既有路线中走出一条属于自己这一代的风格，而这也是一项巨大的挑战。

马谊棋、马贻琬是马家的姐妹花，自幼生长在父辈的光环下,在她们眼中,父亲胆大心细、追求完美,这种精益求精的态度,直接影响着她们,也被视为最值得传承下去的从商精神。同时,她们敬佩父亲高效做事的风格,这也成为马广济的一种经营理念和企业文化,使它即便在传统糖果市场日益萎缩的今天,依然可以屹立不倒。

马谊棋在大学主修工商管理专业,读书期间,由于家族企业缺乏人手,家人希望她能回来帮忙。尽管当时还有两门功课未修完,马谊棋还是决定提前回到家族企业中帮忙,将课程转为远程学习。

马贻琬在进入家族企业之前,曾在澳大利亚的一家生产咖啡杯的家族企业工作。在澳大利亚,她看到了自家公司的产品,内心不由得产生了一种自豪感。大概也是因为有了这种情怀,才让她后来决定回到家族企业中,因为内心有一份荣誉感和责任感。

在澳大利亚工作的那段日子,给马贻琬的思想带来了不少的启迪,尤其是外国企业的优良文化与精髓,在她看来有许多值得借鉴之处。她所在的那家公司,没有封闭的办公室,都是开放式的,这种布局减少了交流的心理障碍,方便沟通。同时,也让管理者和员工有更多的接触机会,加深与员工的交流,更便于监督和指导。马贻琬还意识到,"公私分明"与"相互沟通"对企业而言有重要意义。这一点,恰恰是很多东方企业所欠缺的。

刚进入企业时，姐妹俩都是跟着前辈的脚步走，主要是为了熟悉公司的运作。在慢慢接手家族企业之后，她们开始在传承的基础上尝试对公司进行局部的战略改革。

首先，重视广告效应。在她们看来，产品再好也需要宣传，如果不为人所知，那么客户群就很难扩大。为此，她们建议父亲利用广告，如果不能做好推广，那么父辈们的初衷——和更多的人分享中药的理念，也就很难实现。

其次，推出新产品。为了把马广济打造成一个老少皆宜的品牌，姐妹俩开始积极地开发新产品，目的是让每个年龄层的人都能够接受。在产品的设计上，她们还开发出了不少新鲜的元素，如杏仁咖啡、杏仁抹茶等。

最后，品牌年轻化。马广济的招牌是柠檬饼，姐妹俩为这个老招牌产品换上了新衣，添加了新口味，还换了新名字——黄金仔。马贻琬说："旧包装是回忆，新包装却方便收纳。但是，传统的包装还会保留，可以批发到便利店、杂货铺等处。"

接手家族企业一段时间后，姐妹俩收获甚多。公司的营业额超过千万元人民币，产品也遍布东南亚、中国。接下来，她们要继续把先贤志向发扬光大。

从 0 做起，而不是从 1 做起

在上面的内容中，我们提到过号称全球第一花花公子若热·贵诺的案例。贵诺家族的发家史可追溯到 19 世纪 90 年代，他的父亲爱德华多从法国移民到巴西，白手起家，积累了巨额的财富。爱德华多去世后，这份家业传到了若热时，足足有 20 亿美元，还拥有巴西最大的港口。

然而，这份家业并未被传承下去，挥霍无度的若热把所有家财都散尽，最终靠领救济金度日，并在贫困中辞世。这位晚景凄凉的"二代"，不禁惹人深思和感叹：作为家族企业的继承者，到底该如何正视"接班"这件事呢？

家族企业的传承是两代人之间的事，且必须要明确传承的是什么。

首先，财富，无疑是重要的传承对象，也是传承中最惹人注目的东西。其次，就是家业，任何人都无法逃脱生命周期的规律，必须把缔造的事业传给接班人。最后，还有精神财富，也就是一代创办家族企业所拥有的那一份使命感和责任感。

对于接班人来说，如果只是继承财富，内心没有家族信仰和使命感，不能够把家族文化与家族声誉，借助企业这个载体继续传承下去，这样的传承终将会以失败告终。毕竟，依附家族的人不断增加，失去创造财富的源泉，再有钱的家族也会坐吃山空。不少继承者的花钱速度，远远超过挣钱的速度，这就如同逆水行舟，不进必然会退。

美国莱尔德·诺顿家族至今已经延续七代人，这个家族最早是靠采矿和制造业发家的，但其子孙在随后的150年里，成功地创建了许多企业，包括多家林产品公司和一家财富管理公司。同样，延续六代的芬兰哈特瓦尔家族，早年是靠赫尔辛基销售矿泉水起家，后扩展到软饮料和酿造业，再后来又涉足地板制造、工业用粉末涂料和其他行业。

纵观这些成功的家族，他们的继承者最看重的并不是财富，而是创业精神。这种精神，需要继承者具备归零的心态。可以为父辈打下的江山而自豪，但不可躺在江山上"睡觉"，而是要继往开来，在现有的基础上去证明自己，将家业发扬光大。

我把自己定位成职业经理人

"父子的情分不是子女出生就完成了的，是需要经过传授与承接才能够体会的。传授须有心，承接必有能，否则看似有缘，却是无分。"

这是南一鹏缅怀父亲南怀瑾的一段话，也是让正佳集团副董事长谢萌读后感触甚深的一段话。

十五年前，谢萌跟父亲合力在广州建造了面积达30万平方米的正佳广场。而今，这座传统的购物中心在谢萌的领导下，已经变成了一家体验式主题购物乐园，曾被《福布斯》评为"全球十大购物中心"。同时，谢萌又借助正佳集团20余年的沉淀，创立了正佳金控集团，从商业地产开发型企业向服务型企业转型。

同样作为二代继承者，谢萌对传承之事有其独特的见解。他说："作为二代，你没有新的观念，没有整套思想逻辑，不能引领公司的战略方向和价值观，不能领袖化自己，不能宣传你的领导理念，不能建设你的团队，企业在你手上一定会走下坡路。"

在谢萌看来，二代接班的成败，无关财富，而关乎继承的是什么。传承，传的应当是精神，而非财富。传承的过程，涵盖着自我折磨、自我反省、自我否定和自我推翻。谢萌进入家族企业后，一切都是从0做起的。

从美国乔治·华盛顿大学毕业后，谢萌进入美林银行工作。2002年，父亲筹建正佳广场，他也因此被召回家族企业，跟父亲共事。当时，他没有职业规划，父亲也没有想好给他安排什么职务，谢萌翻看《公司法》，发现有一个地方很适合学习，且不容易产生冲突，那就是监事会。在进入家族企业的前三年里，谢萌以"监事长"的身份把所有的岗位做了一遍。

下工地的那段经历，是对谢萌最大的历练。不怕脏，走进尘土飞扬的工地；不怕苦，跟工人们一起吃猪血猪肺汤；不怕累，电缆上不去拎起来就往上冲。从身体到精神上的磨砺，让谢萌甩掉了养尊处优的习惯；一线亲力亲为的做法，让他建立了员工基础，也对行业有了更加深入的了解。

这是谢萌心甘情愿的选择，在他看来，基础的工作是必需的。如果底子不够扎实，就贸然接手家族企业，很容易在将来的某个阶段摔跟头。之所以对自己这样"狠"，是为了跳出父亲的光环，攀登自己心目中的高峰。

谢萌筹建的正佳金控集团，不是从家族企业拨款创建的，而是他作为创始人从0开始融资完成的。在他看来，值得骄傲的不是自己的家族企业是一个上市公司，而是自己有能力去做一个上市公司，继承的从来都是父辈的精神，而财富的积累要从0开始，如果做不到从0到0.1，只能证明自己的能力欠佳。在企业里不断锤炼，靠自己的努力去获得一些东西，更容易被认可。到那时，不会有人觉得你是因为身份才有今天，而是因为你有能力。

生在一个境况好的家庭，可能是运气使然。可谢萌从未想过依仗这份运气，他认为真正伴随自己一生的只有能力，而能力必须要努力和奋斗才能获得。所以，他从来没有把自己摆在继承者的位置上，认为这样无法处理企业中的任何问题，也很难处理与管理层的关系，倒不如把自己定位成一个职业经理人，凭借能力说话，对失败担负责任。

每一年谢萌都会给自己重新设置一条起跑线，跟所有的职业经理人比赛。如果能把所有人都比下去，那才会有无所畏惧的底气。作为企业的接班人，他认为不必纠结是否能够得到父辈的信任，重要的是让自己不断地成长，重启认知。

谢萌说："二代不是父亲生命线的延续，企业也不能在之前的生命线上去简单做延展，必须拷问自己最深层次的东西，拥有形成想象力和创造力的独立意识。"在他看来，成功的人必须具备三个素质：想象力、克服困难的勇气、坚持到底的决心。许多二代总是"敢想不敢干"，归根结底就是没有继承父辈那一份勇气和坚持。

犹太人有一句谚语："财富可能归零，智慧却常伴左右。"从谢萌这一继承者的成功案例中，家族企业的一代和二代都应当有所领悟。作为创始人，留给子女再多财富，也不如培养好子女管理财富的能力；作为继承者，要努力把自己打造成实干家，在继承父辈精华的基础上，挥毫写下自己人生的轨迹。

摆脱父辈光环，活出自己的精彩

身高一米九，戴着一副金丝边眼镜，看起来阳光帅气的段刘文，是四通集团董事长、北京中关村科技发展（控股）股份有限公司前总裁段永基之子。他毕业于军校，曾在解放军总医院从医，后考入沃顿商学院，弃医从商。

很多人会觉得诧异：学医和从商，看起来相隔甚远，这样的跨界能成功吗？对此，段刘文的解释是："两者是一样的，它们传授的都是一种学习方法，一种考虑问题的逻辑。医学不是头痛医头，脚痛医脚，而是一个创造再平衡的方法。沃顿商学院也是教授一种商业逻辑，但更倾向于计算。"

身后有"中关村之父"这棵参天大树，段刘文却并未想着"背靠大树好乘凉"。他在商学院深造两年之后，把留学基金作为原始资本，和同样有海归背景的孙刚博士，联手推广一种世界领先的"多稳态液晶"技术，开始了自己的创业之路。他在创业方面坚持一条原则：凡是父辈的朋友们，他们的投资最好不要。对于风险投资来说，你的爸爸是谁，你认识谁，都不重要，他们看中的是你能给投资方多少回报。

虽然没有继承父业，可段刘文一直把父亲视为偶像，在他从商路上感到迷茫的时候，父亲会帮他理清思路，找出问题的关键点。每次谈话前，段刘文会做好详细的准备。一般性的问题他会自己想办法，或寻求投资方和董事会的帮助。当上述办法都不奏效时，他才会找父亲咨询。虽然父亲并不知晓项目的细节，但还是能够提到问题的核心。

段刘文从不接受家族或熟人的钱，而吸引风险投资并不容易。每次谈判前，父亲都会提醒他："不要觉得拿了人家的钱就矮半截，要挺直腰杆。投资人投资的目的，是让创业者用自身的特长帮助他资产升值，这是互惠互利的合作。"

谨遵父亲教诲的段刘文，靠着自己的专业特长打动了投资方。他的公司越做越顺，还建立了和不少世界500强企业的合作，公司资产迅速增值至5亿元。在独自创业的过程中，段刘文深刻地意识到，精神财富的传承很重要，虽然没有子承父业，但父亲的精神支持却给了他莫大的帮助。

如今，段刘文创立的汉朗光电拥有多项世界最先进的多稳态液晶技术的专利，是全球为数不多的能够量产多稳态液晶技术产品的公司。这样的业绩可谓不俗，但段刘文一直没有忘记父亲告诉他的家训：慎独。

在段刘文走上创业之路后，父亲彻底放手。有一次，父亲建议他请律师看一份很重要的合同，但段刘文忽视了，认为自己看过了，没什么问题。结果，却被"黑"了一把。他相信，父亲在这方面有足够的经验，不然的话，他不会做出这样的提醒。可当父亲发现自己要执意前行时，也不会阻拦，因为许多东西必须自己经历过，才能沉淀为经验。

段永基一直教育段刘文：自己选择的路不要后悔，这是你的选择，相应的责任要自己承担。恰恰是这样的教育方式，培养出了段刘文果敢成熟的性格。

目前，段刘文没有考虑好未来是否要接父亲的班，他更想做的是证明自己。在他看来，二代比老一辈企业家所处的经济环境更开放，成功的机会也更多，只要摆正心态，脚踏实地，就算没有父辈的帮扶，也可以活出自己的精彩。

离开，不意味着"背叛"

江苏苏州地区是中国家族企业比较密集之处，为了拒绝接班祖辈的家族企业，苏州曾有三代接班人砍掉自己的四根手指，用极端的方式向家族进行抗议。这件事震惊了中国的企业界，不少一代心有余悸，不少二代深表理解。

这位年轻人在接受媒体采访时说，自己对家族的传统制造业根本没兴趣，富人后代的身份歧视都是家族强制赋予的，他从内心深处来讲，并不愿意接受。他喜欢的是动漫行业，也希望能够在这个领域内创业。可是，家人要他放弃自己的理想，为继承家业做准备，反复沟通无效后，他被祖父逼急了，才做出极端的行为。

像这样用砍掉手指方式拒绝接班的人虽不多，但具有反叛精神的二代却不在少数。据有关机构调查，中国目前有超过一半的企业二代不愿意接班或非主动接班，他们更想要另起炉灶，独立创业。还有些接班人，宁肯去做北漂，也不愿意回到家族企业。

山东青岛城阳区某价值过亿的广告公司私营业主的独生子王某，大学毕业后，父亲欲安排他到家族企业锻炼。此时，他却收到了一份北京某 GPS 科研企业的录取通知。王某也想过接父亲的班，可父亲管得过于宽泛，还让他到印刷厂做工人，这让他逐渐打消了继承家业的念头。之后，他既不想接班，也不想创业，就想找个能学以致用的工作，可父亲却说他败家。在这样的处境之下，他觉得自己即便进入家族企业，也没有发挥的空间，干脆我行我素，去当一个北漂。

二代不肯接班，是不是就代表他们胸无大志、逃避责任、"背叛"家族呢？

虽说接班问题很严峻，但二代做出这样的选择，也是有原因的。他们与一代创始人在文化、成长背景方面都不同，因此某些二代会偏向选择某一行业来接班。同时，家族企业所处产业的发展前景，在一定程度上也影响着二代接班的意愿。有相关调查显示，如果家族企业的产品和服务涉及航天航空产业等，二代接班的意愿明显高于其他产业，若是产品和服务属于服务业，二代接班的意愿就不强。

对于二代来说，虽然父辈们在创建家族企业时历经艰辛，但企业通常都陷在低层次的发展模式中。他们接受过西方教育，经历了西方成熟的工业文明与信息化工程熏陶，很难接受家族企业中存在的种种弊病，如混乱的财务关系、任人唯亲的用人制度、模糊的股权安排、恶劣的生产环境等。若要彻底革除这些弊病，除了勇气之外，还牵扯到利益分割与关系处理，这些阻碍也让二代望而却步。

重庆小天鹅集团总裁何永智的女儿廖韦佳在接受媒体采访时直言不讳地谈到了自己不愿意接班的原因："毕竟两代人的思想观念、教育背景有较大差异，尤其是在大多数企业家让子女出国深造的背景下，两代人之间的理念悬殊更大。"

廖韦佳说，2008年年底从美国回来后，就到小天鹅集团上班。在此期间，她明显感觉自己和父母在思想、理念方面有很大差异，有时父母允许她管理一些事，有时又不肯把决策权交给她。后来，廖韦佳向父母借钱，自主创业，开了一家茶廊。她希望用自己的理念创造一所有自己企业文化的公司。就算创业没有成功，也是一个学习的过程，如果成功的话，希望自己的企业能够对父母的企业产生影响。待父母退休时，她会承担起对家族企业的责任，合并事业或是寻求合适的职业经理人。

从廖韦佳的选择上不难看出，二代选择离开不代表"背叛"，他们渴望用另一种方式证明自己。同时，也不意味着他们对家族企业的前途漠不关心，毕竟时代在改变，通往成功的路不止一条。家族内传承也好，二代自己创业也罢，能够通过一系列的商业规则，让家族企业保持活力和创造力，才是最重要的。

用自己的方式对家族负责

"父辈创立企业，完成了从0到1的质变，这个过程很坎坷，如父亲一样的一代企业家们，也不会希望我们再重新走那一步，他们想让我们这些二代的传承人在现有的基础上有更好的发展。我也在努力做到从1到100的量变，但路径不应该只有入主经营现有家族企业这一条。"说这番话的人，是浙江盛泰房地产开发有限公司执行董事陈加响。作为一个"80后"，他把继承家业的问题看得很透彻，也有自己的想法。

陈加响曾经在加拿大卡普兰诺大学攻读工商管理专业，这是他自己做出的选择，他先在国内读了一年之后才出去，为的就是两边都尝试一下，看看哪一种教育更适合自己。显然，他更偏向于西式的教育。这段留学经历，让他接受了一些国际化的东西，在企业管理上也更倾向于规矩和平等。然而，父亲对此却有不同的看法。

这样的现象很普遍。一代企业家希望子女出国深造，可回来之后的子女，却变成了"陌生人"，根本不是父辈们一开始所想的那样。二代的继承者们，在国外接受了新事物，有了独立的见解，不再顺从，两代人的矛盾也就在这个时候出现了。

刚回国时，陈加响在上海一家做私募股权投资的公司工作一年多。那时，他觉得进入家族企业的话，不管是什么岗位，都不可避免地被戴上"光环"，倒不如去外面学的更多。后来，家族企业的业务不断扩大,父亲忙不过来,出于对家族的责任感,陈加响才回去帮忙。父子两人商议后达成一个共识,那就是让他从基层做起,熟悉业务。

那段时间,他不停地换岗位,从办公室助理到采购专员,最长几个月换一次岗。这样的状况持续了一年多的时间,一位股东找到陈加响,劝他早点进入管理层。基层打磨和空降高管,两个选择孰好孰坏很难说清,但陈加响还是选择了尝试。

进入管理层之后,很快两代人之间就产生了分歧和冲突。在管理构架方面,陈加响更倾向于现代管理所应用的金字塔模式,而父亲却还是坚持"一把抓",事无巨细都要过问。陈加响知道,事必躬亲是一代企业家身上的优秀品质,父母也是依靠这一点打造出了现在的家业,但随着企业规模的扩大,这样的方式太消耗精力,也不如针对性管理高效。

在用人方面,父子俩的看法也不一样。父亲很传统,认为创业初期一些亲戚朋友帮助过他,现在他们想到企业工作,就应当接纳,他们工作有问题也要包容。可陈加响却表示,他不会这样做。有问题就要指出来,而不能靠情面搪塞,否则无法服众,企业也不好管理。他坚持一视同仁,不是不能接纳,而是要看结果,而不是感情用事。

父子俩就用人的问题,未能达成共识。最后,陈加响决定引入职业经理人,但父子俩就择人的问题,依然存在分歧。陈加响依靠专业知识作为参考,而父亲则依靠经验。最后,这个问题依然由父亲拍板决定。

至此,陈加响意识到,自己和父亲在管理理念、做事方式以及沟通方面都有难以突破的障碍,因而他决定离开家族企业的实际管理层面。在外人看来,这恐怕是要跟自己的家族"决裂"了,可陈加响却很理性地说:"脱离家族企业的经营管理,不代表我要跟家族决裂。我还是想找到一条路,用自己的方式、能力让家族企业得以延续。离开,不表示我要逃避责任,或搁置冲突不去解决,只是想换一种解决的方式。"

对于"什么样的接班才算成功"这个问题,陈加响思考过很久,成功的接班是带领企业维持良性的运转,还是业绩保持持续增长,这似乎都是显而易见的答案,但陈加响的内心却还有另外的声音:接班家族企业,对二代来说,总逃脱不了一个"输"字。

为什么这样讲呢?做不好,自然就不用说,会背负上"败家子"的名声;做好了,很多人又会说,这是因为父辈夯实了基础,跟继承者的关系不大,显然这也是"输"。离开家族企业,选择自主创业,陈加响的压力更大。他的启动资金是跟合伙人一起筹的,父亲是白手起家,而自己是站在巨人的肩膀上起家,有许多家族积累的资源,外界多少双眼睛都在盯着自己,根本经不起成败的比较。

离开家族企业,并不意味着没有责任心,更不等于背叛。陈加响现在的创业方向是家族资本管理,也即专注提供家族资产增值、传续等一系列服务，承担了一部分家族办公室的职能和财富规划类产品开发。他本身不太愿意接手家族企业的经营管理，但又舍不得把父母的心血售卖出去，所以他在考虑能否采用国外家族企业的成熟案例，只保留股权，找职业经理人来运作企业，用金融的手段把经营管理权和所有权分离。

陈加响希望能在现有的基础上，做出自己的一番事业，用现代金融的手段完成家族的接班，并用经验和专业帮助更多跟自己处境一样的家族继承者。接班，不是只有接手企业经营管理这一条路，就像陈加响所预设的那样，虽然自己没有接家族企业经营的班，但接的是父辈们创业的班。不得不说，这也是一种继承方式。

能力与素养是传承与超越的两大支柱

近几年来,商业世界里屡屡上演"败家子"的现象,不少家族企业的接班人,最后成了企业的掘墓人,把创始人一手缔造的企业王国在短期内推到破产的境地。这些惨烈的悲剧着实令人焦心和惋惜。

在大众和媒体眼中,"富二代"几乎已经被划为贬义词,甚至被等同于"纨绔子弟"。这主要是因为一些极端事件造成的恶劣影响。比如,曾经轰动全国的"杭州富家子弟飙车撞人"案、"上海歌林春天小区富家子打死保安"案……引发了广泛而深刻的民愤,这些案件不仅性质恶劣,在事发之后,肇事者对于人命的漠视、对法律的轻蔑、对社会舆论的轻慢,才是最让人难以接受的。

对于任何一个家族企业来说,选择什么样的接班人,既关系到财富的传承,也关系到家族企业事业的延续。造成"纨绔子弟屡屡败家"现象的原因，主要是创始人对接班人疏于管教、培养不当，虽然不少接班人有国外留学的经历，但思想素养上并未得到提升。创始人不愿意自己的子女吃苦，只重视物质给予、忽视品德的培养，是绝对行不通的。

作为继承者，要担负起多重使命，绝不是随随便便就能扛起大任的。一项调查研究显示，至少有60%的"富二代"过着奢华、高消费的生活，他们依托上辈的财力仅仅满足于开好车、住豪宅、痴迷奢侈品的消费，这种与生俱来的富足，让他们忘却了宽容和感恩，不懂得勤勉与节约为何物。

一个人在学会做事之前，首先要学会做人。继承家业是一件严肃的事，这需要一代创始人协助二代建立健康的财富观，培养他们健全的人格。作为继承者，也当摒弃"钱是万能的"的错误认知，更不要对父辈提供的各种资源，秉持一种理所当然的态度，要抱着感恩之心去对待每件事、每个人。

我们前面提到过不少成功的家族企业一直致力于慈善事业，实际上这也是对于二代的言传身教。投身慈善事业，不仅仅是在尽一个企业家的社会责任，也影响着下一代对慈善、对良心的认知。李嘉诚说过：真正的富贵，是作为社会的一分子，能用你的金钱，让这个社会更好、更进步，使更多的人受到关怀。

除了品行之外，知识素养也是二代接班人不可或缺的。

家族企业的创始人在创立企业时，创业动机各不相同，但早期的创业者大都是生活所迫。他们创业的时间，主要在20世纪八九十年代，当时文化教育水平比较低，导致企业主的文化素养普遍不高。他们能在创业路上获得成功，一方面得益于当时的经济发展机遇，另一方面则有赖于他们的拼搏精神。现代社会不同以往，市场竞争对知识的要求层次更高了。对于接班人来说，知识素养是必不可少的。

这里说的知识，是指继承人要全面深入地了解市场行业现状、市场竞争情况以及各种人际关系。老一辈创业者需要的是勇气和开拓精神，接班人在继承先辈的这些精神的同时，也要在守成的基础上进行二次创业。企业家担负的不仅仅是一个企业的盈亏，还有一份社会责任。作为家族企业的继承人，二代们应当充分认识自己所承担的社会责任，调整好自己的心态，树立正确的观念，扮演好自己的社会角色。

重走创业路，传承家族魂

马来西亚伟龄有限公司的前身是荣发贸易公司，是邱继盛的曾祖父邱文伟在20世纪30年代创立的，主要从事日常用品贸易。20世纪60年代，邱继盛的祖父邱淇龄接手，公司以他和创始人各取名字的最后一个字来命名——伟龄，开始从事文具贸易，开启了邱家事业的新航线。

邱继盛的父亲邱国祥，也曾到英国留学，归来后在外工作了几年，才回到家族企业。1980年，邱继盛的父亲正式加入伟龄有限公司，之后转变了公司的发展方向，从纯贸易发展到生产业。到现在，伟龄公司已经发展成了营业额近2亿元人民币的文具生产商，有一万平方米的制造工厂。

邱继盛曾经留学澳洲，主修机械工程，这也是他的兴趣所在。2008年邱继盛回国，当时刚好赶上马来西亚金融风暴，不少工厂倒闭了，他的求职信也都石沉大海。这个时候，父亲提议，让他进入家族企业工作。在此之前，父亲从来没有跟他灌输甚至提及和继承有关的事宜，所以他也没有那种"我爸爸是谁谁""我是某企业的准继承者"的心态。但他从小也经常被带到公司去帮忙，那时候他很讨厌这件事，因为做的都是苦差事，哪儿缺人手就把他安排到哪儿，包装工、搬运工、清洁工，统统都做过，简直就是一个免费的勤杂工。

正是因为有了这样的经历，邱继盛才更能体会到父亲的艰辛，以及对待工作的认真态度。父亲本身是学药剂的，对文具生产机器一窍不通，全是靠自学。他经常跟底层的工人们一起在机械房内干活，对自己不熟悉的东西，会虚心向工人请教。正因为此，父亲颇受工人们爱戴。

刚加入公司时，邱继盛没有任何经验，除了工作上有压力，也因为自己是"老板的儿子"这一身份，承受了不少无形的压力。他只好求助于自己的教授，教授推荐给他一本生产管理宝典——《丰田模式》，他开始对生产管理有了更加深入的认识，并对他继承企业后管理生产操作的方式产生了影响。

之后，邱继盛进入生产策划部门，负责原料采购和生产编排。这很符合他的意愿，他开始着手整顿生产线，尝试减少浪费、提高效率。当时的他，很清楚这样的整顿等于跨过了维修部，会让一些部门领导有意见，可年轻气盛的他不太懂人情世故，也凭借自己是"老板的儿子"的身份强行进行整顿。当时经济不景气，生产线有空闲，父亲也同意了他的做法。

整顿的过程中遇到不少的麻烦，但最后还是成功了。但因为邱继盛没能跟其他部门的领导搞好关系，使得他陷入了孤立无援的境地，大部门的主管都不愿意帮他。在这样的处境之下，他意识到应该放下自己的身段，虚心向公司的基层员工和供应商讨教。这样的做法果然奏效，完成整顿计划之后，生产效率比过去提高了60%。

现在回想起这件事，邱继盛颇为感慨。他承认，自己的处理方式不太完善，不该那么急于表现，应当虚心一些，以更为妥善的方式得到其他部门领导的认可。他很坦诚，指出自己有急躁的毛病，做事缺乏耐性，总是以自我为中心，经常冒犯前辈，这也给继承的工作带来了不少阻碍。

人都是在犯错中成长的，邱继盛也不例外。透过这些经历，他总结说：继承人应当抱有感恩之心去看待自己的身份，因为相比其他同龄的杰出人才，继承者有一个更广的发展平台，有更多施展拳脚的机会。他牢记乔布斯的一段忠告："你憧憬未来的时候，不会去想着把所有的事联系起来；只有在回忆过去的时候，才会将这点点滴滴联系在一起。一定要相信，这些生活的点滴会在你未来的某一天产生联系。"现在，邱继盛除了管理生产和物流部门之外，也会尝试到其他部门请教学习，力求在点点滴滴的细节中充实自己，为将来的继任做准备。

从初出茅庐到四处碰壁，再到反思彻悟，邱继盛成长了不少。他意识到，家族企业的传承，不仅仅需要继承者有能力，还需要有良好的心态和素养。对于生而具有的这些资源，不能秉持理所当然的态度，而是要有感恩之心，这样才能让家族事业的继承更加顺利，并让价值理念得到传承。

父辈的卓越成就，无疑会给邱继盛这样的二代造成一定的压力。但他也想得很清楚，不能过分在意他人的眼光，也不必去跟任何人比较，不断提升自我的心理素质才是王道。至于父辈们的成就，没必要拿出来作为一个"比较"的参照物，这样只会消耗自己的能量。

家族传承，也是经验的传承。对邱继盛来说，先辈们打下江山的经历不应该被漠视，或许经营方式不再适应市场的形势，但这些经验中的精华，也是一份厚重而珍贵的礼物。在汲取经验的同时，扛起先辈创业价值理念的担子，既是一份责任，也是一份荣耀。

再出发——继承使命，二次创业

一生二，二生三，三生万物，财富阶层的这一遗传学充满着神秘感，令人着迷。在大接班时代，接受过正规的高等教育、比同龄人见多识广的继承者们，很多是有想法、有追求的人，并不甘心只是站在父辈的肩膀上继承，他们都很清楚，未来不能一味地苦守父辈的产业，而是要探索二次创业。与此同时，这群在普通民众眼中"含着金钥匙长大"的一代，正在大众所看不见的领域默默奋斗，努力摆脱"继承者"这个标签意味浓重的代名词，力求成为名副其实的"继创者"。

世界上不存在万能钥匙，对家族企业的传承而言，也没有放之四海而皆准的模式。但是，"二次创业"这种传承模式，有着独特的优点和吸引力。

其一，激发接班意愿。当下，不少"富二代"都拒绝继承父业，这给希望家业长青的创始人带来了不小的打击，在这样的状况之下，非要逼着二代去继承，很有可能上演"富二代变卖家业"的一幕。把企业交给职业经理人的话，"承诺资本"带来的优势又可能会丧失殆尽。二次创业则不一样，在选择地点和行业时，可先征求接班人的意见，在合适的地方做其喜欢的行业，更容易激发他们接班的意愿。

其二，培养企业家精神。企业家精神是最为稀缺的资源，也是传承的核心要素，能否实现一代企业家敢打敢拼的精神在代际间的延续，直接关乎家族企业传承的成败。虽说提早让二代到企业中学习，能够让他们熟悉行业、建立归属感，但也容易让他们掉进传统或惯例的枷锁中，束缚他们的创新和创业精神。正因为此，不少国外大型的家族企业要求接班人有企业外工作的经历。二次创业的模式，可以有效地避免这一问题，不仅能摆脱原有惯例的束缚，还能在实战中培养接班人的企业家精神。

其三，有助于接班人树立权威。对一代企业家来说，他们是凭借自身的实力赢得了企业上下的认可与尊重，甚至被"神化"。二代在这样的氛围中，很容易被父辈的光环罩住，难以树立自己的权威。倘若父辈过于保守，他们就更难建立威信和声望。在二次创业的过程中，年轻人更容易组建自己的管理团队，可以扮演最终的决策者，业绩也更容易被视为他们努力的结果，因而得到大家的认可，在组织中树立权威。

其四，经验的代际转移。一代企业家在商场打拼多年，积累起来的经验和心得，是家族企业持续成长的重要因素。这些内容很难被文字化和形式化，只能依靠共享心智模式、经验分享等人际互动的方式实现转移，需要一个经验学习的过程。很显然，职业经理人继任是难以实现的，但二次创业的模式却能够推动企业家经验的代际转移。在共同创业的过程中，两代人密切接触，接班人能够很好地体验和效仿父辈的管理艺术和诀窍。在全新的环境中，有父辈的及时指导，也能够为二代提供犯错的资本，不用担心因此而失去权威。

其五，重建企业家关系网。中国的社会向来讲究人情关系，不少家族企业之所以陷入"败家"的境地，就是因为企业家的无形资产未能够得到传承。所以，一代企业家在退休之前借助自己的人脉关系帮助接班人搭建起关系网络，也是传承过程中的一项重要任务。二次创业可以为接班人提供深层次与父辈及同仁接触的机会，也赋予了他们跟这些"关系"进行交往的合法身份与地位，能给他们创造更多拓展人脉的机会。

选择二次创业的传承模式，需要两代人共同努力，因为这是两代人之间的角色调整过程，需要精心地规划。在传承的过程中，老一辈企业家要积极发展业余爱好，慢慢缓解退休带来的空虚感，而不至于在彻底放权后找不到自己的存在感。

对于接班人来说，最好以优势点着陆，从自己最擅长的岗位做起，这样更容易上手，也容易做出成绩，提升自己的权威。同时，上下两代也要保持互信协作。美国著名的家族企业顾问约翰·戴维说过："解决父子关系紧张的最好办法就是，父子俩坐下来，彼此清清楚楚地向对方说明自己需要的是什么。"

总之，用二次创业的方式来传承，是家族企业在交接班时代的一个全新选择，也是从一个新视角、新方向去继承和发展原有的企业。无论对于一代企业家还是二代接班人来说，这都是一个值得考虑的方式。

本土化传承典范：以创业传承家业

"如果孩子成长不了，担子挑不动，第一代企业家事业办得再大都没有用，必须要找到一条能够让二代尽快进入角色的路。"这是方太集团"茅氏家族"的大家长茅理翔给所有家族企业创始人的一句忠告，他高瞻远瞩地让儿子茅忠群完美接班，在创业中传承了家业，让自己的接班人带领方太成为高端厨房领跑者，家族身家超过百亿。

1985年，茅理翔开始第一次创业，主要经营点火枪生意。1989年，他在广交会摆地摊，摆出世界点火枪产销第一的成绩。可是，到了1994年前后，中国的点火枪内外销市场开始打价格战，茅理翔的生意开始亏损。此时的他，已经55岁，同时面临着两个难题：一是传承，二是转型。

当茅理翔提出让儿子茅忠群进入家族企业时，茅忠群给出的回复是："我不想守业，我要创业。"茅理翔不理解儿子的想法，唾手可得的财富是多少人梦寐以求的，他却不肯要？父子俩为此闹得很不愉快。

经过了一段时间的思想斗争后，茅忠群在母亲的协调之下，决定接手家族产业，但他也与父亲茅理翔"约法三章"：第一，搬到开发区，以获取地域优势；第二，不带老厂人，以重新招聘人才；第三，要做新产业，以推进产业转型。

原来，茅忠群进入家族企业，并不打算继承或守业，他是要进行二次创业。这一次，茅理翔的态度也发生了转变，他决定支持儿子的想法。

经过大半年的市场调研，他们最终决定扎根厨电行业，但茅理翔希望沿用原来集团的名字"飞翔"，毕竟是自己一手打造起来的品牌，当时已经全类注册，流程也很便利，且有深厚的感情。可是茅忠群不同意，他受到香港亚视烹饪主持人方任利莎的启发，决定使用"方太"这个名字，不仅有好的寓意，且听起来很洋气。

1996年，方太正式成立。当时，市场上已经有250多家厂商，大都在中低端打价格战。茅忠群敏锐地观察到，抽油烟机没有洋品牌，且高端市场几乎是空白的。为此，他亲自做市场调研，又请浙江大学的教授和学生为他们的抽油烟机的外观做工业设计。

连续八个月的奋战，方太成功开发出了第一台由国人自己设计、适合中国人烹饪习惯的抽油烟机。那一年，方太抽油烟机一年狂销40万台，销售额突破亿元。自此，方太成为行业里的一匹黑马。之后，它又以"独特、高档、领先"的核心理念开发了嵌入式燃气灶、嵌入式消毒碗柜、嵌入式烤箱等一系列产品。

这一阶段的成功，为茅氏家族企业的成功传承和转型奠定了基础，也让茅理翔对儿子多了一份信心，看到他执着追求的创新精神和顽强拼搏的奋斗精神，茅理翔更加开明、开放、大胆放权。

1999年，方太的竞争对手联合起来降价，致使方太的高价策略受到严重冲击，产品销售连续五个月降低，各地的销售经理都变得很焦急，不断催促茅忠群降价。但是，茅忠群坚持不降价，他知道父亲的企业当年打价格战的结果是什么样的。在重压之下，茅忠群一方面安抚销售员的情绪，一方面加快新产品的研发。不久之后，方太就凭借一款欧式中国芯的新机型扭转了局面，价格不但没有下降，反倒比从前提高了10%，且销量非常火爆。

到了2000年，茅忠群开始对企业进行内部改革。他在引进人才、建立制度、规范运作、完善组织等方面做了大量工作，增强了驾驭市场和团队的能力。此时，父亲茅理翔恪守"大胆交、坚决交、彻底交"的承诺，支持茅忠群进行改革。

至此，方太已经完成了从家长制管理向制度化管理的转变，从家族人管理向经理人管理的转变，从个人管理向团队管理的转变，创造了方太特色的现代家族制管理模式。

2002年，方太重新确立使命："让家的感觉更好。"这是一种带有强烈社会责任的文化理念，为了实现这一使命，方太又提出核心价值观，即人品、企品、产品"三品合一"。在这一阶段，茅理翔和茅忠群父子俩成功完成了传承的重任，也完成了方太的创新与转型，确立了方太的愿景、使命与核心价值观。

纵观方太从成立之初到发展鼎盛，看得出，这既是共同创业的过程，也是传承转型的过程。茅理翔将这一传承规划称为"三三制"：三带，即带三年、帮三年、看三年；三交，即大胆交、坚决交、彻底交；三个"三分之一"，即三分之一的时间到外面讲课，三分之一的时间接待客人，三分之一的时间看书写书。这样的安排，既完成了一代企业家引领的使命，也给自己找到了退休后的"事业"。茅氏家族企业的传承经验，后来也成为茅理翔第三次创业的机遇，他创办了宁波家业长青接班人学院，想通过这所学校架起一座两代人心灵的桥梁，帮助其他民营企业顺利传承。

茅氏父子以"二次创业"为契机，父子精诚合作，在传承模式上展现出了创新的一面。不得不说，这为国内众多的家族企业提供了"现身说法"的本土化传承经验。

继承并不比从零开始容易

2015 年 10 月，全球富豪榜第一名不再是比尔·盖茨，而是 Zara 母公司 Inditex 集团的创始人——阿曼西奥·奥特加（Amancio Ortega）。这一消息，轰动了整个服装业，所有业内人都变得热血沸腾。红领集团的张蕴蓝，就是其中之一。

Zara 集团的老板早期是靠做面料起家的，后来通过服装供应链的改造，开创了一个快时尚品牌。尽管只当了一天的世界首富，可对于从事服装行业的人来说，无疑备受鼓舞，让人觉得这个行业是很有市场和前景的。

当记者问张蕴蓝，是否想成为阿曼西奥·奥特加那样的人？她说："我有想过成为服装行业领先的老大。"她说话的声音很柔弱，轻声细语，可内在的态度却很坚定，彰显出一种柔软的力量。

其实，放在几年前，张蕴蓝还不太敢说这样的话。她从加拿大回国后，在上海的一家外企工作，那时的她对于职业生涯还没什么规划。读书的时候，她甚至因为兴趣的缘故，差点选择了厨师专业。后来，因为害怕家人反对，才打消了这个念头。

张蕴蓝曾经理想中的生活很简单：丈夫毕业后在研究所或大学里教书，自己打一份工或开一家喜欢的小店，过着淡泊而有乐趣的日子。可理想终究是理想，她的另一个身份和角色，注定了她要在个人意愿和家族意愿之中作出选择。

就只一句"父亲需要我，家族需要我"，张蕴蓝就放弃了自己正在享受的美好生活，从父亲手里接过红领集团的重担。那一刻的她，不只是一个年轻的女孩，更是红领集团的接班人。她说，自己没有任何的犹豫，倒也不是因为喜欢接班，而是因为这是一份责任，自己在这个家庭里长大，一切都是这个家族给予自己的，父亲需要我、家族需要我的时候，我有义务和责任放弃自己那部分所谓的生活和享受，来尽自己的义务，听从家族的安排。

虽然继承了家族企业，可张蕴蓝并不完全认为自己是所谓的"创二代"，相比之下，她更喜欢用"拼二代"来形容自己。她认为自己现在唯一的价值，就是必须热爱这份工作。热爱到什么程度呢？把人生是否有价值，以及这一生都跟这份工作联系起来，不留任何的后路。

对于接班这件事，张蕴蓝的看法是：有一个非常成熟、有远见、有未来的商业模式，而这个模式是落地的、成熟的，才是比较理想的接班。不然的话，就只是继承了一堆资产。对她来说，继承家业就是一个创业的阶段，她一直思考如何在这个基础上把企业做得更好，更加符合未来的发展趋势。实际上，这个过程跟创业差不多。

如今，张蕴蓝正在实现自我、二次创业的路上奋斗着、前进着。从她身上，我们也看到了许许多多二代接班人的影子，继承这个担子并不比从零开始容易，从某种角度上来说，甚至更难。对所有的二代来说，这既是使命，也是挑战。

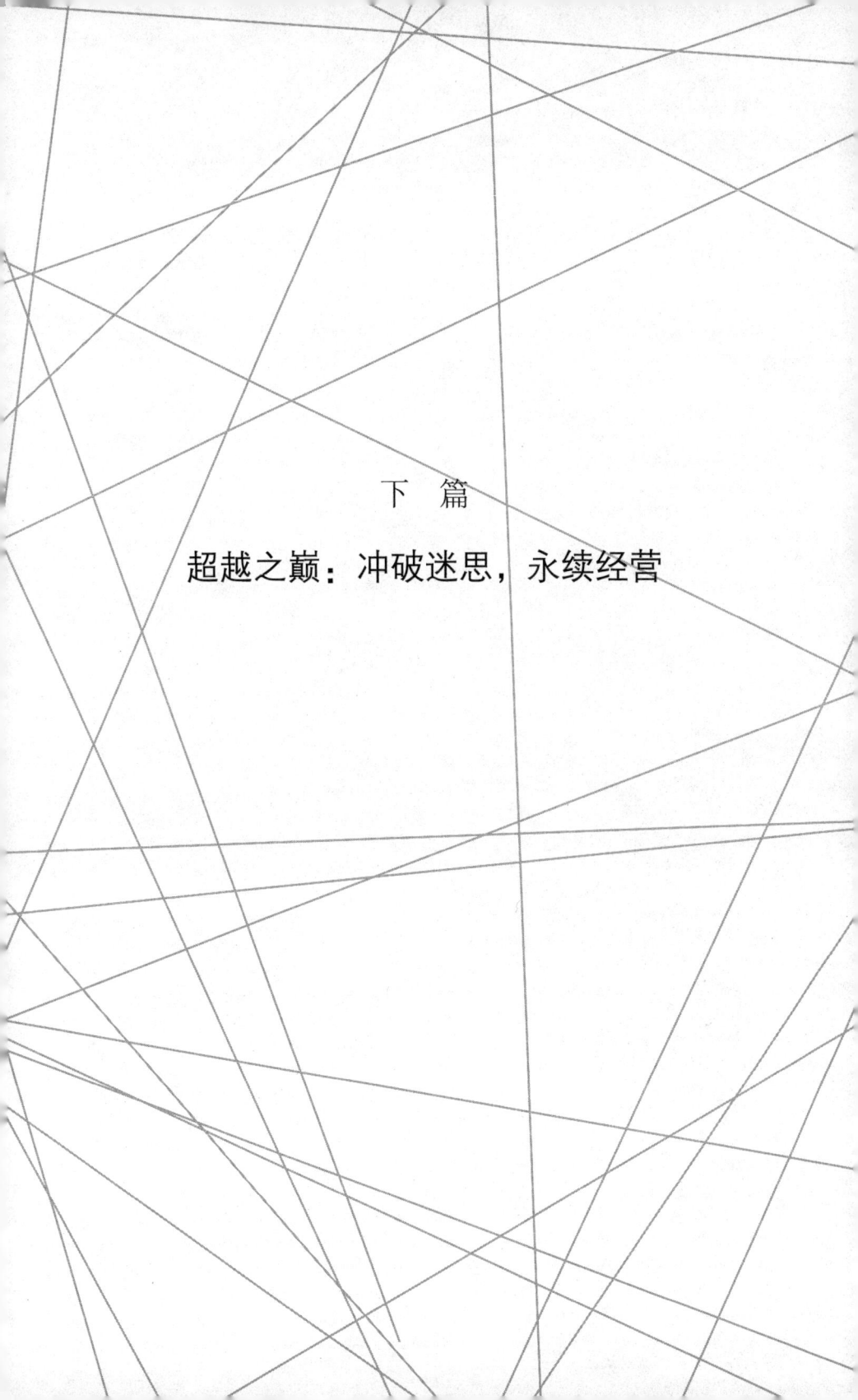

下 篇

超越之巅：冲破迷思，永续经营

"舍权"才能"得人"

谈到阻碍家族企业传承的因素时,"二代不愿接班"往往被视为第一拦路虎。实际上,还有一个重要的因素,也是影响顺利传承的枷锁,甚至是导致不少二代不愿接班的祸首,那就是第一代家族企业创始人缺乏接班意识,甚至到了古稀之年依然把持着家族企业的管理大权,没有给二代施展能力、树立权威的机会。

为什么许多一代创始人不肯交班呢?柳传志曾经给杨元庆写过一封信,信中的部分内容便能说明这个问题。柳传志在谈到中国一些企业家不愿交班的原因时,如是说道:

"在纯粹的商品社会,企业的创业者们把事业做大以后,交下班去应该得到一份从物质到精神的回报;而在我们的社会中,由于机制的不同则不一定能保证这一点。这就使得老一辈的人把权力抓得牢牢的,宁可耽误了事情也不愿意交班。我的责任就是平和地让老同志交班，但要保证他们的利益。"

可见，权力能带来物质和精神的回报，权力是左右一代创始人不愿交班的重要原因，因为它关乎着一个人的影响力。不少家族企业的创始人，从创业的那一天开始，就力求打造一个百年老店，并将自己的信誉捆绑在家族企业上，希望能够借助家族企业的昌盛，实现个人不朽的名声。可惜的是，当他们无法再继续领导自己创造的商业帝国走向辉煌时，还不肯交出自己的权力，或是对身后之事进行安排，这就会为家业的传承埋下隐患。

哈佛大学商学院教授曼弗雷德·凯茨·德·维里尔认为，对不少企业家来说，放弃自己的企业犹如在自己的死亡保证书上签字。很多一代创业者，不愿意接受生命有限的现实，觉得死亡是一件离自己很远的事，而家族成员也避免谈及这一点。因此，一代企业家都愿意尽可能地延长工作时间。

同时，家族企业都是创始人一手创办的，企业是他们身份的象征，也融入了深厚的感情，甚至不少企业家依靠企业来维持自己的自尊。交权和退休会被他们视为特权地位的改变和权力的削弱，他们会担心继任者是否会尊重自己的成果，是否会破坏自己多年来的心血，担心他们会肆意挥霍"家族财富"。说到底，就是不相信继任者会像自己一样专心于事业。

一代企业家应当及早进行传承的规划，想要基业长青，就要有意识地培养接班人。只有这样，百年老店才能成为现实。如果没有准备地交班，或是迟迟不肯放权，很可能会阻碍家族企业的成长，也会对整个家族的感情造成创伤。

传承是两代人的事，唯有两代人都愿意打破桎梏，共同学习，才能为家族传承播下良性的种子。香港中华厂商联合会永远名誉会长、恒通资源集团有限公司执行董事施荣怀在一次访问中提到：企业在传承过程中长辈的放权是首要的，企业不管大小，传承不成功的也很多，往往最大的问题是上一代放不放权。

即便有些家族创始人选择了放权，但因为过于强势，经常干预二代接班人的决策，也使得继承者产生放弃接班的想法。这样的情况不是个案。许多二代表示，父辈在企业里太霸道，自己没有发挥的空间。他们愿意创业，愿意继承财富，但就是不愿意接手原来的企业，成为一个"傀儡"领袖。

古代有许多类似的例子，能给家族企业带来启示和警醒，如汉武帝和窦太后的斗争，光绪皇帝和慈禧太后的斗争，都是因为"垂帘听政"引发的家族悲剧。

方太集团的创始人茅理翔说过："交者要敢于放手，接者要善于学习，敢于挑战和反思。当儿子出现失误和挫折时，父亲要站出来挑担子，并帮助他接受教训。"有过成功传承经验的他，说这番话必然是有自己的心得体会在其中，但愿其他的家族企业创始人能够以正确的态度来对待权力的过渡，而二代也要担负起继承和超越的重任，以虚心的态度汲取父辈们的经验，引领企业继续前行。

"舍权"才能"得人"

试错是两代人的磨合

许多一代企业家让子女继承家业后，总是不太放心，不敢大胆地放手让子女去做决策，总有一种失控的焦虑感和恐惧感。然而，每个人都是在错误中成长的，包括一代企业家在创业过程中，势必也走过弯路。到了继承人这一代，与其攥着权力不肯放、不敢放，倒不如放开一点，给下一代亲自尝试的机会。有时，试错也是一种磨合，碰壁才会成长。

珍贝集团是中国羊绒行业中的佼佼者，创始人邱淦清是一位"60后"，在家族企业传承的问题上，他的选择是，让"90后"的儿子邱中安接手企业，并在试错中磨合。

邱中安在进入珍贝集团之前，并不完全了解自家的企业。他学的是电子商务专业，毕业后希望进入互联网行业，但找工作并不顺利，创业的想法也频频受阻。这个时候，父亲邱淦清决定，让邱中安回到家族企业里做事。就这样，虽然对自家的企业"没有任何概念"，邱中安还是顺从了父亲的安排，从最基层的岗位门店销售开始做起。

2016年9月，邱中安转到运营，此时他才真正对公司的整体经营有了深入的了解。服装行业最重要的是销售，但他发现销售部门在管理方面存在很多问题，所有的门店经理在巡店这件事上毫无计划可言，经常是出门前才决定，走走形式而已。对于货品的陈列和销售情况，没有及时关注，这对于门店的优化管理毫无作用。邱中安在观察中发现，珍贝门店的橱窗千篇一律，没有设计感，货架上塞满了货品，不方便消费者选择，购物体验和视觉审美都有待提高。

为此，邱中安想做一些调整，可公司有完整的销售管理系统，他的职位和权力都不属于这个系统范围，因而无权干涉。怎么办呢？唯一的办法就是得到父亲的支持。在跟父亲进行了一番沟通交流后，父亲邱淦清同意让邱中安自己选择14家店铺作为"实验田"。邱中安在这些门店中，大胆地尝试自己设计的新制度，定期变换货品的陈列，每天统计各类货品的销售情况。仅仅两个月的时间，这些店的业绩就有了惊人的涨势。

为了能让邱中安更好地接管企业，除了他自己主动提出的尝试，父亲邱淦清也会给他安排各种需要独立完成的项目，锻炼他各方面的能力。让邱中安最难忘是公司内部数据系统的升级改造。当时，父亲把新系统的项目交给他，要求既得解决技术层面的问题，还要找供应商谈判、签合同。整个过程没有邱中安想的那么简单，他先后换了三家供应商。第一家是他自己选择的，签完合同之后才发现对方提供的系统不完善；第二家供应商是朋友推荐的，了解后发现技术不太理想，且价格较高。

屡屡碰壁让这个"90后"感到沮丧和失落。此时，父亲邱淦清并没有表现出急躁和不信任，就像什么都没发生一样，给邱中安介绍了另一家供应商，项目全程仍然交给邱中安去跟进。邱中安非常感谢父亲在这个时候给予自己机会，他全力以赴地投入到这个项目中，亲自调研公司各部门的需求，跟供应商一起做技术搭建，并结合自己的专业知识开发出一些新功能。

新的系统终于搞定了，可又有新问题出现。公司员工的年龄普遍偏大，大多数人因知识水平不够不会使用新系统，工作效率比原来降低了一半。员工们产生了负面情绪，找到邱淦清，希望换回旧系统。邱中安很生气，跟员工发生了很大的争执。父亲也希望他能换回旧系统，但他坚持自己的想法。权衡之后，父亲邱淦清决定，再给一天的时间，如果员工可以接受，就用新系统，否则的话，就换回旧系统。

无比珍贵的一天，也是无比紧张的一天，邱中安对新系统进行了修改，让它在操作上尽量贴近旧系统，并手把手地给每个员工做培训。当员工适应了这个新系统之后，态度发生了巨大的变化，也都反馈说很好用，工作效率得到了提高。

在谈到对家族企业接班人的培养方式时，邱淦清说了三个关键词：机会、试错、结果。

两代人的观念不同，邱淦清说的话，儿子邱中安未必全盘接受，他有自己的想法。为此，两代人势必会有争执，需要磨合。但在磨合的过程中，邱淦清的态度很开明，他从不束缚儿子的手脚，任何事都会给他尝试的机会，允许他失误和犯错，并把碰壁当成学习和成长的契机。邱中安在试错的过程中，认识到了很多事实，跟父亲之间的摩擦也就越来越少。

邱淦清表示，他放权的标准是每次锻炼机会的结果。如果邱中安在某一方面做得比自己好，这一块内容今后就归他管。他不太赞同，子女遇到困难时，父辈出于保护的心理，试图将自己的经验传授给子女。在他看来，这样的举动很危险，因为经验是无法传授的，任何人都要经历人生的一切阶段，思想和年龄要同时演化。

邱中安是一个很有思想的年轻人，他对公司的管理体制和人力资源架构在改革方面总有全新的想法。比如，他认为销售主管的能力评估有问题，这也是他进入公司后第一次跟父亲产生分歧的地方。他质疑某些销售主管的能力，认为高业绩来自于基层的业务员，而不是他们的管理能力。

邱淦清则认为，招一个好的员工很难，必须要多跟员工接触，不能凭借一个现象就下定论。不过，他并没有对儿子的质疑给予彻底的否定，而是说："你认为谁不够好，就把比他好的人招进来。"他放手让儿子按照自己的想法招聘了几个员工，但后来都因为没有达到公司的绩效考核而离职。

这一经历让邱中安明白，很多事情并非想象的那么简单。经过半年多对公司和员工的深度了解和接触，邱中安学会了系统化地思考和解决问题，不再看到表象就鲁莽行事。

两代人在家族企业的传承路上，就这样一步步地往前走着。父辈放手让下一代按照自己的想法做事，给予他试错的机会，而接班人也在试错中意识到自身的不足，并对父辈的开明报以感激。我们有理由相信，珍贝集团在邱淦清和邱中安父子两人的不断磨合中，会得到稳步的发展，而这场传承之旅也会走得越来越顺畅。

放权在放心之后，等一切水到渠成

福建省泉州市有一栋七层楼的大厦，圆形凸出的顶层就像是一个灯塔，这座气派的大厦就是匹克集团的总部。那个圆形的顶层是匹克董事长许景南的办公室，整个七层就只有这一个办公室，他的两个儿子分别在二楼和三楼办公。

提到传承的事宜，许景南的态度很明确："他肯定是要接班的，长子么，这是从他出生就必须肩负的责任。"他说的长子，就是目前匹克的 CEO 许志华。在许景南眼里，无论是作为儿子还是员工，许志华都让他颇为满意。对于许志华来说，他有时却会有点迷惑，不知道许景南究竟是父亲，还是顶头上司。可无论自己是哪一种角色，他都要背负责任前行。

自从把匹克交给许志华的那天起，许景南就不再事必躬亲了。因为许志华的执行力很强，很多事不用父亲操心。不过，在做错事的时候，他也会挨批。从小到大，他接受的一直都是挫折教育。正因为此，才培养出了许志华的独立能力。

许志华回归到家族企业，最直接的原因是当时的匹克恰逢转型期。作为中国早期的篮球运动鞋品牌，匹克曾经一度是中国体育运动品牌的代名词。那时的匹克可谓是供不应求，不少顾客甚至怕今后买不到这个品牌的鞋，开口就要买 12 双尺码一样的鞋。

可是，随着中国申奥成功，加之入世的影响，中国体育用品市场开始井喷式成长，不少国际品牌开始加大在中国跑马圈地的力度，而不少本土品牌开始建立自己的专卖店、体验店，不拘泥百货商店一条渠道。在这样的市场竞争中，匹克的前进速度逐渐慢了下来。为此，许景南决定进行全面改制。历经两年的时间，匹克撤换了全国 30 多家办事处，开发了上千家专卖店，完成了这场不易的改革。

然而，改变永远伴随着阵痛。渠道的改革导致匹克出现巨大的人事震动，人才纷纷流失。从小被父亲灌输"长子长孙，男人的责任"的许志华，此时此刻没有任何理由不回去和父亲并肩作战。在回家之前，许志华曾在朋友面前立下誓言：三年超过李宁，五年追上耐克。可当他真正接手家族企业的业务后，才意识到现实比他想象的要困难很多。但是，他的目标并未动摇，只是需要付出更多的努力。

刚进入家族企业那段时间，许志华跟父亲之间经常会发生争执，不管是在家里还是在公司。如今再回想起那段经历，许志华感慨颇多，认为自己当时年轻气盛，很多事情是为了争而吵，想得并不是那么周全。

许志华也是从最基层的工作开始做起的，接电话、发传真、做会议记录，后来做父亲的助理，看他如何处理各项事宜。之后，他被派到北京市场，在基层工作的经历让他对公司的发展有了更深刻的认识。许景南对于在基层工作的儿子，并没有太多的不舍，他认为在自己可控的范围内，应该让年青一代多磨炼，但是不必让他走太多弯路，只要懂得做事不易就好。

很多家族企业会放手让二代去做一个全新的品牌，许景南并不想走这条路。他说："自创一条路会很浪费时间，也会走很多弯路，我不会让他走那么多弯路，白交学费，家里企业的平台够他学的。"

父亲许景南清楚儿子许志华的个性，知道他是一个强势的人，也比较有魄力，眼光较远。这让许景南颇为欣慰，儿子没有成为传统意义上的"富二代",丰厚的财富没有让许志华养成挥霍的习惯,他比较自律。对于现代社会中的"富二代败家"现象,许景南认为主要责任在于父辈,没有给孩子足够的压力,让他们接受"挫折教育",一味地宠溺自然无法上进。

现在匹克公司里的一些大事,多半是许景南做最终的决策,许志华主要负责执行。许景南表示,只要儿子做事没有违背宗旨,他也会支持。为了给孩子树立一个好的榜样,不让他觉得自己没用,他也在不断学习,并时不时地给儿子出主意。他也怕儿子万一哪天走了弯路,对企业的影响是不可估量的。

对于接班这件事,许景南认为,儿子在战略眼光上没问题,但在用人和团队建设方面还缺乏经验。许志华的加入,让匹克的管理水平和战略思维都得到了提升,但如果说完全放权,许景南表示,时机尚不成熟,因为他还没有做到完全放心。公司这么大,多少人都指望着它生活,不能够有任何闪失,一定要等许志华有能力掌控一切时,才能完全放权。

对于父亲的想法和安排,许志华也表现得很从容。他表示,父亲的意见很重要,会保证大方向,他们现在各有分工,自己也不着急完全接班,毕竟这个担子还是挺重的,与其匆匆忙忙地接过企业,倒不如等待一切水到渠成。

上下同欲者胜

传承之所以难，就在于它不只是一份产业和财富的传递，更是经营理念和价值观的碰撞。

在家族企业的传承模式上，子承父业依然是主流。不少二代已经开始从父辈手中接管家族企业，他们和父辈相比，学历高、眼光高、思维开放，不少人毕业于国外的名牌大学，有过金融学、经济学、管理学等背景。显然，两代人的生活阅历、思想观念、知识结构、价值取向等，都存在很大的差异。

放眼望去，我们看到的很多一代企业家，往往都愿意从事制造业和房地产业，特别是制造业。至于服务业、信息产业和金融业，往往都不是他们的兴趣所在。可二代就不一样了，他们最喜欢的恰恰是金融业，对房地产业也饶有兴致，但对老一辈从事的制造业，兴趣并不大。

从两代人的兴趣点上就可以看出，一代企业家和二代接班人对产业的选择方向不同。让二代接手一份他自己并不感兴趣的事业，自然会有抵触的心理，且他对整个行业的了解也不够深入，这就使得传承的难度加大。

调查研究显示，72%的二代接班人认为，现在企业的成功模式和父辈时有很大不同，49%的二代接班人对父辈的经营理念表示不赞同，且在企业的管理模式和商业模式方面，也有不一样的看法。这样的现状就导致，二代在接手家族企业之后，可能会走上一条不同于父辈时代的道路。然而，父辈也有他们的理想和憧憬，当二代试图对企业进行转型升级时，两代人势必会产生矛盾和分歧。

老一辈企业家在创业过程中历经艰辛，大部分的二代对此都能感同身受，且认为自己在今后的事业中也少不了努力。只不过，他们比父辈在市场经济知识和管理的正规化上更有优势。二代的身上少了一些"草莽气息"，既能清楚父辈取得成功的原因，也能冷静地看到自己相对于父辈和同龄人所具有的独特优势。

对于父辈们的成功之路，二代们普遍认为：改革开放营造的大好环境、机遇、正确的管理理念，是决定父辈成功的三个重要因素。可当被问及"决定自己未来的成功因素与父辈的成功因素是否有所不同"时，72%的受访二代都表示，肯定不一样。最大的区别就在于，时代不同导致经营理念不同；还有就是，投资环境和背景发生了变化；另外，现代企业融入了更多的技术因素。

面对这样的现实，想顺利做好家族企业的传承工作，需要两代人共同努力。

对一代企业家来说，务必要培养儿女的能力和素质，并探索用制度保障传承的路线，同时要有勇气对现有企业进行结构调整，敢于开拓新产业。对二代要给予试错的机会，不要过于专制和霸道。作为继承者，要在传承父辈创业精神的基础上，再去进行创新和超越，以稳为先，之后才是超越。遇到问题时，要多与父辈进行良性沟通，汲取有效的经验，尊重父辈的创业经历和成果，避免盲目自大。唯有上下两代都秉持理解和学习的态度，才能获得彼此的信任，完成这场不易的"接力赛"。

上下同欲者胜

理念不同道同，可与谋

前些年，一提到娃哈哈品牌，大家不约而同地会想到宗庆后。而今，再提起娃哈哈，宗氏家族的另一个名字也会浮现在很多人的脑海中，她就是宗庆后的独生女儿宗馥莉。

关于宗氏家族的故事，还要从三十年前说起。宗庆后初中毕业后，曾在浙江的农场里淘过盐，做过调度，后回到杭州进入工农学校办的纸箱厂做推销员。1987年，他带着3名员工，背着14万元的借款，开始穿街走巷卖棒冰，为学校提供笔记簿，为自己积累原始资金。1989年，宗庆后创办了杭州娃哈哈营养食品厂，出任厂长，自此开始了"娃哈哈生涯"。

奋斗了二十余年后，娃哈哈已经成为宗氏家族的庞大家业，这份家业要如何处置呢？能否找到一个合适的继承者？这个企业的优良基因是否能够传承下去？就在这时，宗庆后的独生女宗馥莉进入了公众的视野。

宗馥莉从小生长环境优渥，接受过优质的教育，有多年的海外留学经历，曾在美国攻读贸易学。可以说，她在学业上很早就开始了成为企业家的准备。2005年，宗馥莉回国，在娃哈哈集团萧山二号基地管委会担任主任助理，之后又历任萧山基地管委会副主任、杭州宏盛饮料集团总裁等职。可以看出，她正按照父亲铺设的道路，逐渐走进娃哈哈的核心管理层。

同样是企业家，都经营企业，可两代人在理念上却截然不同。宗馥莉坦言，父亲实现了他们那一代企业家的梦想，但自己和父亲是不同的两代人，成长环境、观念、思维方式都不一样。企业管理需要传承，也需要创新，唯有这样才能获得长远的发展。如果下一代完全按照上一代的思想来行事，企业就失去了发展创新的机会。

宗馥莉有完美主义的情结，如果管理团队中有人能力不足，她就会对这个人另作考虑。可父亲在管理上却比较宽容，更能体现中庸之道。如果他认为一个领导的品行没问题，公司也有良好的监督机制，那就可以留下，任其发挥长处，容忍其缺点。

尽管在管理理念和思维方式上有很多不同，但宗馥莉依然尊重父亲，且在潜移默化中接受了父亲身上许多的优秀品质。她承认，父亲有不少的观点和理念是不过时的，值得学习和借鉴，如中国传统的"中庸之道"，是需要自己用很多年去学习和领悟的，再如强烈的社会责任感和深深的慈善情怀。

2010年宗庆后获得胡润榜和福布斯百富榜双料首富头衔，在成为首富后，宗庆后曾说过这样一番话："首富只是代表对公司价值的认可，其实我个人不像他们所说的有那么多钱。而且钱多到一定程度之后，就不是属于自己的，而是整个社会的。"从1989年到2010年，娃哈哈集团在社会公益方面的投入总计约2.85亿元，其中捐助教育项目1.8亿元，非教育项目1.05亿元。虽然拥有巨额财富，宗庆后的生活却很简单，穿着普通的白衬衫，踩着一双粗布鞋，吃穿住行一切从简，但回馈社会的信念却很坚定。

时过境迁。对于宗馥莉来说，父亲宗庆后那一辈企业家的许多思想理念，跟自己有很大的差异。可父亲坚持做慈善的企业家精神，却带给她深远的影响，也是她决意要传承下去的情怀。在提到"馥莉慈善基金会"的时候，她显示比管理企业更大的兴趣，可见父亲身上那些美好的品行，都已经渗透在了宗馥莉的心里。

这样的传承未尝不好，两代人可以有不同的理念，但要相互尊重和理解。在继承家业的时候，把上一辈的精神内核传承下去，让它成为一项事业，渗透到点点滴滴的行为中。这样的继承，既承载着家族的荣光，又扛起了社会的期望。

用共同的目标促进彼此的信任

诗琳控股集团是香港有名的美容集团，有三十多的历史。作为行政总裁的陈裕丰，敏锐地觉察到香港的市场几近饱和状态，欲拓展内地市场。从文化上来讲，和香港最为接近的内地城市要属上海，因而他把目标锁定在上海，目前正准备开设第3家分店，在未来的三年里，他准备拓展到5家至7家，待盈利模式确定后，便开设加盟店。

陈裕丰一个人无法顾及香港和内地两处的生意，因此诗琳在上海的发展，全权交给儿子陈思铭打理。虽然上海和香港的文化接近，可两地终究还是有差别的，把香港的模式完全搬到上海之后，很快就发现行不通。除了经营文化方面的问题，还有顾客的肤质问题，不同地域适用的美容用料也不同。意识到这些问题后，陈裕丰父子立刻做出了调整计划。

说到接班之事，陈裕丰表示，他并没有要求儿子去接管家族企业，但儿子表现得很主动，两人一起探讨企业的发展时，陈思铭的想法比他更为深入。虽然陈思铭不善言谈，但他的思路很清晰。既然他有想法，为什么不给他机会去展示呢？在陈裕丰看来，传承不仅仅是传企业，更重要的是传承精神。诗琳发展到现在，已经算是第三次创业了，父子俩能够一起努力，是难得的体验。

然而，父子档的合作，也不是那么容易的，其中有许多需要磨合的地方。陈裕丰坦言，不管自己在外是多少人的老板，有多少人脉关系，依然无法脱离一个父亲的身份。遇到分歧的时候，不自觉地就会用家人的方式来处理公事。好在，现在可以用手机通信软件来沟通，对于不擅面对面交流的父子来说，这也是一个不错的沟通方式。毕竟，在手机上交流，经过文字的润饰，语气可以不那么生硬，也更容易表达内心的感受，减少沟通上的误会，对事不对人，父子间的摩擦也就少了很多。

最让陈裕丰满意的是，父子之间固然有理念上的差异，可目标是一样的，都在奔着一个方向前进。在这个过程中，父子之间的信任也在增加，这比任何财富都重要。传承，不是一朝一夕的事情，也不能指望一蹴而就，特别是第一代的人脉关系，比理念和企业更难传承。现在，陈裕丰父子把社交平台作为半公半私的工具，经常分享两人在工作和生活上的经历和感受。

作为企业的接班人，二代的发展道路和一代肯定是不同的。一代都是白手起家，战战兢兢走过来的，全靠实践来积累经验。为此，陈裕丰在诗琳树立了"感动最美"的理念，强调服务要先感动自己和同事，再感动客户。可是，陈思铭最初却对"感动"的效用抱有怀疑的态度。随着实践的增加，和同事接触得越来越多，他也在逐渐改变态度，认同父亲的理念，并决定将其传承下去。

陈裕丰并不希望儿子完全照搬自己的理念，毕竟儿子是接受过良好教育的，企业需要新旧更替。上海是一个新开拓的市场，商业思维比香港好，陈思铭的经验也需要从实践中获得，借助这个机会，他会放手让陈思铭去发挥自己的理念，闯出自己的一条路。

一代人只可做一代人的事

大家乐是香港的一家知名连锁餐饮公司，每日顾客总量超过30万人次。这家企业的创始人罗腾祥，36岁时加入其兄长的公司，到了退休之际，他并未选择享受天伦之乐，反倒开始自行创业，创办了大家乐餐饮公司，并在1986年上市，成为香港首家上市饮食集团。

　　罗腾祥陪伴大家乐走过了20余年,在他86岁时退休,将公司交给女婿陈裕光打理。当时的陈裕光,只有39岁,还很年轻。他有自己的梦想要追寻,可作为家族企业的接班人,他内心十分清楚,在追求自我梦想的同时,也得坚守老一代企业家的梦想。所以,他选择在平衡二者中建立自我价值,在企业中做出自己的独特贡献。

　　陈裕光接手大家乐时,公司只有单一品牌,他知道自己要做的是重塑企业。1989年,他选择重新界定大家乐的业务领域,不仅仅停留在快餐行业,还要进军餐馆行业,开展为机构供餐业务,多品牌共同发展,进入内地和美国市场等。而今,大家乐已经成为有活力午餐、一粥面、米线阵等众多品牌的大企业。截至2017年底,大家乐在中国华南地区的连锁店超过70家。

　　如今的陈裕光,已是年逾六十,他最关心的一件事就是如何把大家乐继续传承下去。这是对每一个企业家的终极考验,倘若不能做好传承之事,那么这个管理者最终还是失败的。从2008年开始,陈裕光就开始着手为企业传承做准备;2009年,他找到企业顾问来确保企业文化传承;2010年,他设计了传承规划,对每一个管理层的相关人员进行考察,衡量谁最适合做企业的接班人。

　　陈裕光表示,企业传承不是简单的一个人接替另一个人,而是一组人传承另一组人。他花费了六年的时间让接班人到位，这个传承计划里包括很多内容，既有经营家族关系及理念，也有建立企业和家族的管理机制，以及培育后代的个人发展计划。2012年，他卸下CEO职位，2013年不再参与管理决策，确保继承人能够以专业的、职业的方式管理企业。

陈裕光认为，家族企业传承必须要经历几个关键的环节，最难过的是"舍不得"的心理关，因为要放下多年来的工作环境、习惯和满足感。然而，人生必须有舍，方才有得。既然卸下了职位，把权力完全交出，就要舍得，不能让权力的欲望毁掉下一代人的梦想。

陈裕光是20世纪50年代的人，他很清楚，每一代人都有不同的做事方式，都有自己的价值观，他不愿意把自己的意愿强加在下一代身上。他说："我们这代人总是想改善生活，而上一代有更强烈的民族意识，但下一代不仅会考虑改善生活，还考虑普世价值，关心工作生活平衡，关注环境问题，关心要创造一个更美好的世界。"

在陈裕光看来，一代人只可做一代人的事，所以家族企业最大的敌人是家族代沟，不能因为无法理解而阻止新一代人的颠覆和创新。

父子、拍档和兄弟，二代人的三种相处关系

邓耀升是香港著名地产商邓成波之子，现任Stan Group主

席。他回到香港与父亲合作,至今已经有13年。作为二代,他对于父子两代人之间的理念分歧,有着深刻的体会。

以读书这件事为例,父亲是实务派,因为他小学毕业时能力就比其他人强,故认为读书没什么用。邓耀升也承认,不少的经济现象不是书本上可以学到的,就算是学到了,缺乏实际的经验也很难做出适当的决策。但他不会因此而放弃学习,他认为从各方面准备好自己,才能随时应对挑战。

为了能够更好地与父辈们共事,减缓两代人之间的冲突,邓耀升从几年前开始接受和理解中国的传统思想。香港虽是一个国际化的都市,但依然有很深的中国传统观念,父辈们就是一个很好的例子。

父亲邓成波坚守"重道义,重信誉"的核心理念,经商也颇具人情味,和当下的"赚到尽"的做法大相径庭。邓耀升认为,两者各有优势,无所谓好坏对错。但他认为,商业不同于行善,确实要以赚钱为目标,但在经营上要以人为本。

在经商手法上,邓耀升虽然没有像父辈一样坚持浓厚的人情味,可他的核心理念也是把人作为企业最大的资产。他希望以人来影响人,创造一个理想的环境,让员工发挥出最大的潜能。所以,他一直很重视员工的需求,把他们当成家人以及共同成长的伙伴。

正因为此,他的团队对企业的归属感很强,有的人为了学到更多东西,主动申请调职;甚至有些人在意识到自身能力不足之后，会主动提出离职，等有更合适的职位后再回来，不愿因个人的利益而影响公司的发展。

走出企业，回归家庭，邓耀升跟父亲也有一套相处的理论。他说，做事可以追求完美，这样才能够创造更多，可家里是不能强求完美的。尽管家庭责任可以划分，但情感上却不能划分，因为家不是一个讲理的地方，而是要相互体谅，不能据理力争。

邓耀升跟父亲相互尊重，以父子、拍档和兄弟的方式相处，共同发挥长处。以前，父亲只要求他不在外面闯祸就好，可现在却逐渐认同了他的能力，且认同他读书学习的知识，接受新旧思想需要融合的理念。在这样的氛围中，两代人的相处就保留了适当的空间，合起来也变得容易很多。

虽没有大的冲突，但父子之间依然会有意见不统一的时候。对此，邓耀升希望能够证明自己的理念是可行的，能够做出自己的一番事业，用事实来说话。他并不希望超越父亲，因为每代人都有自己的特点，要传承上一代的经验，将其为自己所用，才能变得更强。

恋爱是两个人的事，婚姻却不一样

爱情，原本是一件美好的、浪漫的事情，能带给人无限的遐想和回味。然而，当爱情遇到了家族财富，掺入了金钱的味道，哪怕只有一丝一毫，也会让人产生疑惑，将其视为一件"没那么简单"的事。

相比普通人而言，家族企业二代的择偶和婚姻问题，一直是颇受大众关注的焦点话题。毕竟，这不再是单纯的两个人之间谈恋爱，还牵扯到家族的财富，以及一代是否认同子女的择偶标准和要求。据 2012 年出版的《中国富二代调查报告》显示：46.4% 的富二代为已婚状态。其中，婚姻由自己做主的比例是 24.7%。在门当户对的问题上，听从父母标准的比例高达 90%。对于婚外恋的看法，有 44% 的受访者认为，这是正常的社会现象。

我们都知道，富二代大多数是家业未来的继承者，他们本身拥有的财富或是其创造的资本，很难跟父母脱离干系。为此，选择一个什么样的配偶，子女家庭是否和谐，在一定程度上影响着财富继承的状态。在许多一代企业家看来，子女择偶是一件很复杂的事情，它既是爱情与事业的选择，也是个人感情和家族利益的博弈。

中国台湾长荣集团的创始人张荣发，白手起家创下涉及航空、海运、内陆运输、酒店等多个版图的商业王国，他很器重自己的小儿子张国炜，想把家业继承给他。然而，张国炜却恋上了"自家"空姐蔡菁珊，张荣发反对这一桩门不当户不对的亲事，苦劝无果后，只好选择成全。

张国炜婚后不久，双方就因为各种原因产生了分歧，以至分居。之后，张国炜把所有心思放在工作上，逐步做到长荣航空的总经理。之后，他又爱上了空姐叶淑汶，对其展开猛烈的追求，此时的他尚未离婚。这件事让张荣发大发雷霆，一度将张国炜革职，可即便如此，也没能让他放弃。

2006年，放弃了财富和名声的张国炜，和叶淑汶完婚，偌大的张氏家族和长荣，竟然无一人敢出席。张荣发甚至下令，不让张国炜这个人再踏入长荣的大门。婚后，张国炜携妻去了美国，并考取了机师驾照。后来，叶淑汶怀孕，担心后代在美国过苦日子的张荣发，才派人给张国炜带去消息：先回来，她的事以后再说。

至此，父子俩才冰释前嫌。内心怀有愧疚的张国炜，重新回到长荣航空，后一步步做到了董事长的位置。这一路走来，可谓是历经艰辛。他的事例也让许多人看到了，家族企业二代的择偶和婚姻，真的不易。

二代子女们虽然衣食无忧，在择偶的问题上，并不是完全的自由，需要考虑诸多的因素，甚至还要背负父母强加给自己的压力。那么，家族企业二代对于自己的婚恋是什么态度呢？

知名策划人王志纲的儿子王大骐说，父母对他的另一半是这样的：找个贤内助，为了王大骐的事业能够牺牲自己的一切，对家世没有要求。而他自己在婚前，却一直希望找个有文艺气息，对精神世界的探索有无限渴望的人，她是真实的，忠诚于自己的内心。

网络上被人戏称为"国民老公"的王思聪曾经坦言，父亲王健林在他 15 岁左右曾经要求他未来不要找女明星做伴侣。然而，多年之后，王健林却在公开场合表态，在儿子择偶的问题上，他说了不算。王思聪在纪录片《中国的秘密》中出镜时，也透露了自己对择偶和婚姻的一些看法。他说，自己目前还是不婚主义者，会交女朋友，但没想过发展成结婚对象。至于女朋友的标准，他说看着顺眼就行，相比门户学历之类，三观更重要。如果被逼婚就要站起来勇敢表达："这是我的生活，我的生命，别来管我这方面的东西。"

从上述的这些实例和二代的"表态"中，我们不难理解，为何在谈到家族继承者的婚姻大事和企业传承的问题时，很多家族会因此产生摩擦。毕竟，两代人的思想观念不同，对爱情婚姻的理解和出发点也不一样。

在西方文化背景下，爱情就是一种纯粹的心理认同和强烈的个人情感。可在中国人的世界里，爱情还附加了不少的限定条件。在家族企业传承这件事上，老一辈企业家也可谓用心良苦，他们认为婚姻必须慎重，追求门当户对，希望双方家庭的综合社会地位大致匹配，在道德品行和家风素养上也相差不多，降低婚变的概率，以免家族企业遭受影响。

这件事没有绝对的是非对错。爱情是美好的，没有爱情的婚姻是悲剧，可爱情也需要条件约束，没有条件约束的爱情会通往泛滥。只能说，家族企业一代的初衷固然好，但最好不要完全替子女做主，退一步说，如果婚姻之事都需要父母大包大揽，又如何指望他成为一个优秀的"创二代"呢？对二代而言，不妨牢记一点：恋爱是两个人的事，婚姻却不一样。

总而言之，在婚姻大事上，一代和二代之间永远不要关闭沟通之门，找到最适合自身状况的平衡点，千万不可因固执己见而闹到亲情破裂。家业的传承，家庭的幸福，永远都是从和谐的关系中发展出来的。

家长意志下的爱情悲剧

2017年7月20日，三星家族长女李富真与丈夫任佑宰的离婚诉讼重审结果公布：首尔家庭法院判决两人解除婚姻关系，子女监护权和抚养权归原告李富真所有，被告任佑宰获得86亿韩元的财产分割。经过长达11个月的审理，这场豪门千金与穷小子的情感恩怨，暂时告一段落。李富真对判决结果表示接受，而任佑宰却表示会上诉。

这场门不当户不对的婚姻，是当年李富真在父母的强烈反对下坚持的结果，她虽然逃脱了家族其他兄弟姐妹的"命运"——接受家长权威下的商政联姻，但却没能逃脱不幸的结局。事实上，韩国的财阀子女们，在婚姻大事上并不能真正地自己做主。据韩联社数据报道，在韩国十大财团中，子女和商界联姻的比例高达30.3%，与政界联姻的比例约为20%。

三星是世界知名的大型家族企业，自然也会考虑用联姻的方式加强商业影响力。三星掌舵人李健熙从华盛顿大学毕业后不久，父亲就为他安排了一门亲事，对方是当时韩国最大的报纸《中央日报》前总裁洪链基的女儿洪罗喜。李健熙的婚姻，使得三星李氏家族和韩国文化传媒界强强联盟。洪罗喜不参与三星的管理事务，但活跃于美术馆的经营和慈善事业，她为李健熙生下三女一子，儿子李在镕，女儿李富真、李叙显、李尹馨。

和父亲一样，李健熙在儿子李在镕的婚姻大事上，也费了不少心思。几经挑选，他为李在镕选择了才貌双全的媳妇林世玲，其父亲是韩国大象集团的名誉总裁，其母亲是锦湖韩亚集团创始人朴仁天的女儿朴贤珠。这位出身名门的公主林世玲，看起来很温婉，但骨子里十分叛逆。2009年2月，她向法院提出了离婚，提出要两个孩子的抚养权、10亿韩元的抚养费，以及涉及数千亿韩元的财产分割。

李健熙的二女儿李叙显，2010年调升为韩国三星集团副社长，她的婚姻也是联姻，丈夫金载烈是《东亚日报》前社长金炳晚的次子。媒体和实业没有利益关系且能相互帮衬，夫妻两人的关系倒是不错。

然而，李健熙的另外两个女儿，虽未选择联姻，可情感之路走得也很坎坷。

小女儿李尹馨，一出生就拥有1.98亿美元的资产，曾是韩国最富有的女性之一。她开设个人网站，深受韩国国民喜欢，甚至因流量过大而关闭。大学毕业后，她进入纽约大学深造，赴美之前决定跟出身平凡的男友结婚，却遭到父母反对，为此患上严重的抑郁症。2005年，她在纽约曼哈顿的公寓去世，终年26岁。

大女儿李富真，是新罗酒店的女总裁，也是三星唯一的女总裁。她在经商方面继承了父亲的天赋，有"小李健熙"之称。父亲为了保护她的安全，给她配了个保安，这个保安就是任佑宰。没想到，李富真后来竟爱上了这名保安，虽然父母强烈反对，可她却执意要嫁给他。可惜，嫁给爱情的李富真，并未走向幸福。两人在学识方面差距甚大，任佑宰被任命为三星集团的副总经理后，能力欠佳，未能创造什么价值。更糟糕的是，任佑宰有酗酒的习惯，喝酒之后对李富真拳打脚踢。至此，富家千金终于醒悟，以性格不合提出离婚。

一代掌门人，是否该全权做主为二代择偶？为了家族的基业而忽略子女的个人意愿？二代在择偶的问题上，是否能够随心所欲，不顾父母反对背后的用心？三星家族二代们的婚姻情感经历，着实值得所有家族企业的一代和二代反思。

为保障财富的延续不惜近亲通婚

很多人了解罗斯柴尔德家族，都是从《货币战争》开始的，据说这个家族掌控着50万亿美元的财富。在西方国家，据说如果有人同一天收到两份请柬，一份来自于白宫，一份来自于罗斯柴尔德家族，那么99%的西方人会选择到罗斯柴尔德家族赴宴。

这个神秘而庞大的财富家族，为了能让家族财富更好地延续下去，始终秉持着一个特殊的传统。这是老罗斯柴尔德在1812年去世前留下的遗嘱：家族通婚只能在表亲之间进行，防止稀释和外流。这个规定在前期被严格执行，后来放宽到可以与其他犹太银行家族通婚。

哈佛历史学教授尼尔·弗格森曾经这样写过："为了保证家族血统的纯正性，罗斯柴尔德家族近亲结婚的传统有150年。从1824年到1877年间，老罗斯柴尔德后代的21次婚姻中，至少有15次发生在家族内部，也就是堂兄娶堂妹，表姐嫁表弟。近亲结婚除了保证血统外,同时可以保证祖辈打下的江山不会被后代作为遗产瓜分,使得财富越来越多,家族的势力越来越大。"

众所周知,从生物学角度来说,近亲结婚后代出现生理缺陷的可能性较大。可是,在罗斯柴尔德家族,我们却看到了不少优秀的后代,很好地继承和发展了祖辈的事业。当然,至于这个家族内是否存在很多生理缺陷者,我们不得而知,因为这个低调而神秘的家族,在聚光灯下的只有少数的几个人,其他的情况很难知晓。

到了20世纪初,随着时代的发展,罗斯柴尔德家族才放弃了近亲通婚的传统。2014年,罗斯柴尔德家族继承人詹姆斯·罗斯柴尔德,与希尔顿集团创始人的孙女妮基·希尔顿结婚,实现了名副其实的大家族联姻。

在放弃了近亲通婚的传统后,罗斯柴尔德家族的后代们在传承这件事上,依然坚守着这样的原则:兄弟之间永保团结,男性后代才是家族的核心,女性都被排除在外,无论是女儿、儿媳还是妻子。这也是老罗斯柴尔德的遗嘱:"我希望公司只属于我的儿子,我的女儿及她们的后人对于公司不具备任何权利。我绝不原谅我的孩子违背我的遗愿,打搅我的儿子,使他们不能平静地经营他们的生意。"

也许,这样的做法在现代不少人看来,是难以理解和接受的。但不可否认,为了实现财富延续的目的,罗斯柴尔德家族真的是冒了巨大的风险。同时，这个家族的后代们谨遵遗嘱，守望相助，精密协调，让这个家族在活跃了两个世纪后，依然生生不息。从创始人到现在的家族成员，都为家族的事业作出了自己的牺牲和贡献。

柳传志在儿子婚礼上的致辞

在大众的视野中，柳传志是一位商业领袖。可是，走出商界回归到家庭中，他也在饰演着"父与子"的角色，对于这两重身份，他花费了数十年去经历和诠释。2017年2月18日，央视推出的全新阅读类节目《朗读者》，邀请柳传志做客首期节目。在这个舞台上，他深情地朗读自己在儿子柳林婚礼上的致辞。这份致辞，有一代企业家的人生智慧，也有他们对下一代的浓浓深情。在此，我们不妨一同回顾和感受一下这份致辞的深意——

我荣幸地有机会给柳林当爹有四十几年的历史了。近十余年来，他虽然也常有欢笑的时候，但是他的快乐是短暂的，是在皮肤层面的。但是当他和康乐交了朋友以后，他的快乐从皮肤进入到了骨髓、筋脉，进入到了五脏六腑。康乐的笑容融化在了柳林的心田里边。柳林开始脑门发亮，眼角中总流露着愉快和欢悦。康乐的表现得到了我们家人一致地认同。

首先我们全家对康健民先生、陈秋霞女士能培养出康乐这样善良、贤淑、聪明、能干、形象内涵俱佳的女儿感到由衷地钦佩。更重要的是，他们能把女儿无私地输送到我们老柳家当儿媳妇，并且掌管钥匙，表示万分地感谢。对这样无比珍贵的礼物，我们实在是无以回报。只能把儿子送到您那儿当女婿，以表达感激之情。

在他结婚的重要时刻，我要对他讲的一句深刻的话，就是我父亲送给我的一句话，我转送给柳林。"只要你是一个正直的人，不管你做什么行业，你都是我的好孩子。"父亲的话让我无比温暖，在我的一生中经历坎坷、天上地下、水中火中，但我父亲的这句话，让我直面环境，坦荡应对。

在我懂事成人的那上个世纪的五十年代，何曾想过，今天世界会是这个样子。而对你们——你和康乐，将面临着一个更大不确定性的未来。真正理解，有理想而不理想化，也会让你们以强大的心脏去面对未来。我想你们会有收益的。

做父母的有什么比儿女生活幸福还幸福的事呢？尤其是此刻，我从沙场退下来，希望要充分享受天伦之乐的时候。

希望柳林、康乐永远相亲相爱。这是柳家的传统。

二十多年前，有一部电视剧，电视剧的开头，一个满头银发的老奶奶带她的孙子看她创造的产业帝国。我也正殷切地盼望着这一天！

打破代际沟通的困惑

从年龄变化上看，从 2010 年开始，此后的十年里，将是我国民营企业代际传承的高峰期。多数一代企业家年事已高，到了该退居幕后的时候，二代接班人则要背负着重任，继往开来。然而，有个不容忽视的事实，一直摆在中国的家族企业面前，那就是二代对于"子承父业"有强烈的"抗拒感"，在继承家业这件事上，他们充满了困惑与挣扎。

造成这种境况的原因有很多，如价值观念上的冲突，中国经济变化速度太快，老一辈的事业走下坡路等。但究其根本，是家族成员之间不懂得有效沟通，创业者的价值观念很难被下一代接受和继承。不少家族企业在完成"交班"后，家族财富大大缩水，甚至有的高达六成。之所以交班会失败，就是因为内部矛盾没有得到很好的处理。两代人一坐下来，立刻就会争吵。

对于两代人在沟通方面的问题，很难分清孰对孰错，可谓各有各的原因。

原因一：不少一代企业家的问题在于，他们具备绝佳的经营能力，习惯了凡事亲力亲为，追求效率的结果就是导致了集权统治，这种风格让二代难以接受。一代企业家有强大的毅力和意志力，也有敏锐的市场感应能力，这些天赋不是人人都有的，即便是自己的亲生子女，也未必能够得到智慧的传承。有些一代在交权的过程中，总觉得子女的能力还有所欠缺，心急如焚，不断施压和干预，致使二代产生了逆反和抗拒的心理。

如果要顺利传承，一代企业家必须要正视一个事实：接班人有他自己的特质，也有其不完美之处，不能把自己的一套标准强行套在子女身上。只有用开放性的姿态去接纳他们，在关键之处给予引导和帮助，才能让"传"与"接"的过程更顺利，成功率更高。

原因二：于公来说，两代人是上司和下属的关系，且涉及其他员工和职业经理人的权、利、观点，如果二代没有做出什么业绩，老臣未必信服。于私来说，所有的行为都要遵循企业的规章制度，父子之间的亲情与工作要求很可能会产生冲突，情绪的蔓延和标准的拿捏，容易引发争执。这种复杂的关系和角色的混淆，使得家族企业的传承问题变得复杂，许多方面需要找寻平衡。

原因三：不少家族企业是家长权威制，所有决策要听从家长的。一代创始人很难了解子女的想法是什么。二代从小生活环境优渥，多半接受过优质的教育，有自己的理想，渴望创业；或是过惯了奢靡的生活，不愿意承受经营企业的辛苦，有时也无力承担。对创始人来说，他们不愿轻易放弃自己打下的江山，非要传承下去。一个想传，一个不想接或接不了，加之两者的生活环境差异，导致沟通隔阂越来越大。

原因四：二代的兴趣点往往是一些新事物，他们在企业经营理念有自己的想法，但又无法得到父辈的认同，因而产生了分歧。实际上，这些问题不是不能协调，不少成功的家族企业会尽最大的力量保护子女的兴趣。李嘉诚就是一个很好的例子，他接班人的优势在哪儿，他就到哪个市场和行业中去，为其提供一个多元化的平台。

事实上，两代人之间的价值观和理念出现分歧是很正常的事，这并不代表家族企业一定无法完成传承的使命。要解决这个问题的核心就在于，必须建立家族的共同核心价值，以及明确的治理体系，两代人共同遵循，否则异议就无法裁决，纷争也没办法沟通。

家族委员会是一个不错的尝试，定期召开会议，讨论和家族发展相关的各种问题。当然，一定要确保后代在家族委员会中有发言权，能够表达出自己的想法。有不少家庭会制定一个家族内部协议，这不同于法律文件，但很有指导意义，会规定家族的价值观、使命、未来走向，以及如何实现公平等。有了清晰的界定和描述后，在传承时就会减少误解和分歧。

家族企业的传承不是短期内就能促成的事，有了制度层面的保障后，还要加强日常沟通。沟通是双向的，且要站在对方的立场思考，理解对方的处境和困惑，秉持一份同理心。必要的时候，要退一步思考，这样才能实现有效沟通。尤其是一代创始人，切不可始终用家长权威去压制二代，要放下架子，给予接班人试错的机会。如果一直攥着权力不放，到最后就会发现，没有人能够接得住这份担子，它始终压在自己的身上。传承传承，总得先肯"传"，才能谈如何"承"。

以沟通代替指责，求同存异化解冲突

对不少家族企业来说，接班似乎是一个禁忌话题。毕竟，许多家族企业是因为父辈的健康状况出现问题，才被动提起的，主动去谈这件事，在很多人心里，隐约就会觉得有几分"不吉利"。可是，缺乏规划和安排，仓促地接班，也可能会给家族企业带来创伤。

锋馥集团创立于台湾，是中国物流搬运技术与物流设备专家，刘勇成就出身这个家族企业。在企业传承上，他有自己的想法。身为二代的刘勇成，在参加完由北大光华管理学院、牛津大学赛德商学院和哈佛商学院联手打造的"领导与变革：华人家族企业全球课程"之后，把《接班人计划》这本书送给了父亲。他不知道，父亲到底有没有看这本书，也不知道父亲有什么想法。他这样做，并非是想要接班，但作为家中的长子和

父亲的辅助者，他觉得这件事情不一定要去做，但一定要去想。

刘勇成从小就被人视为"公子哥"，似乎生来就是为了接班。这样的环境让他心生叛逆，1996年他选择到英国留学，进入伦敦大学学习机械工程专业。2001年，学成归来的刘勇成，没有直接进入家族企业，而是去了深圳普利司通运动用品有限公司。四年后，他回到台湾，仍然没有回归家族企业，而是加入日本SANKO制作所，后又去了大田精密工业。

在外部企业的磨炼，让刘勇成有了更多跨界操作的实践，这些是在家族企业中学不到的。有了在外打工的经历，他也更能体会到父辈创业的辛苦。之前，他会抵触别人称呼他为"老板的儿子"，但有了一些阅历后，他坦然地接受了自己的出身，以及周围异样的目光。

2008年，全球金融危机爆发，各行业都受到了影响，输送机械公司在经济动荡之下，还面临着自身发展的瓶颈：业务扩大突显国际化人才的缺失，父亲在应对这些新变化上，明显感觉力不从心。刘勇成跨越了心理"围城"，回到父亲创立的家族企业——输送机械公司。

刘勇成年幼时，父亲忙于工作，父子关系多少有点隔阂。刚加入公司那段时间，父子两人时常会出现分歧。他认可父亲的成就和专业，但难以接受父亲老旧、霸权的管理方式。好在，此时的刘勇成已经成熟很多，也有过在商场上摸爬滚打的经验，能够更加策略性地处理父子间的矛盾。比如，刚回到公司时，他很低调地学习并观察，虽然发现了企业中的不少管理问题，但没有直接说出来，而是用了一两年的时间慢慢做出业绩和成功的案例之后，才开始强势地推动变革。

事业与家庭，家族企业传统根基和现代化管理改革探索，都是需要平衡的。刘勇成坦言，进入家族企业后，站在父亲的身边，才发现这种平衡并不容易做到，但他还是会努力，尽量不让当年对父亲的那些不解发生在后代身上。

在企业管理方面，刘勇成也在尝试平衡。在他看来，家族企业有自身的独特优势，不必完全按照现代化管理模式来运作。他认为，两者更像一个相交的圆，只要把重叠的部分借助

以沟通代替指责，求同存异化解矛盾

现代化工具处理好，就足够了。

刘勇成在家族企业里做得很出色，但一代和二代之间的年龄、学历、背景都不同，冲突也难以避免。对于这件事，刘勇成认为，完全没必要针锋相对，可以用更加缓和的方式来处理，以沟通代替指责。父子两代人，要尊重双方的差异性，求同存异，各取所长。

2012年，安徽滁州工厂竣工开业，借此机会，刘勇成和父亲进行正式分工。父亲对制造领域比较熟悉，安徽公司定位为量产基地，由父亲管理；上海公司逐渐转型为侧重销售和项目管理的团队，由刘勇成负责。可见，代际冲突虽不可避免，但改变互动的方式，让两代人都发挥出自己的价值，也不失为一剂平衡良方。

晚辈不要一意孤行，长辈不要倚老卖老

唯一旅游有限公司创立于22年前，创始人是许有文，主要经营入境旅游以及为客户订酒店业务，客户大多来自亚洲国家，其主要办公室位于曼谷，另外两所办事处分别位于普吉岛和吉隆坡。现在，许有文的女儿许宝心是这家公司的执行董事，她是六年前进入家族企业的。

提起父亲，许宝心是这样评价的："他非常有生意头脑，对自己的任何计划都胸有成竹。父亲也明白钱财乃身外之物，因而不会吝啬地死守着钱财，他的风格是大方地把钱花在对的地方。"言辞之间，可以听出这位二代对父亲的敬佩。

许宝心进入家族企业那年，才刚刚大学毕业，只有21岁。身为马来西亚华侨的她，通晓汉语、英语和泰语三种语言，但她不会写泰文，这给她的工作带来了极大的不便。因为，家族企业是她的父亲及其泰国妻子一同创办的，财务是由父亲的泰国妻子的亲戚们管理，而他们不懂英文，一切文件用的都是泰文，这让许宝心很困扰。

最初的半年里，她只能在一旁观察和学习。那段日子，她过得很辛苦。由于不懂泰文，她就萌生了一个想法：把公司带到网上。于是，公司就购买了一个网上系统，她在学习系统功能之后，把酒店的价格输入系统里，在网上进行业务营销。同时她也在学习如何创造诱人的旅游配套设施，以及怎样估算成本和设定售价，这些都给她带来了极大的益处。

之后，许宝心开始创立自己的团队。那一年，她只有23岁，根本不懂得什么是团队合作，更别说信任团队了。她几乎每天都在工作，不仅要求自己的工作做得完美，还要检查团队成员的工作。她几乎掌管了公司里大大小小的所有事，为的是向父亲证明，她可以把一切都掌控好。

尽善尽美的背后，付出的代价是巨大的。许宝心的这种做法，让团队成员认为她不信任自己，束缚了他们自由发挥的权利。因而，有不少员工选择离职。后来，许宝心认识到自己的问题，决心做出改变，并开始学习领导力管理和技能。

在工作上，她跟父亲发生过不少的争执。父亲是一个办事能力很强的人，看到许宝心上述的这些做法，认为她太过年轻，不够沉稳，应当多采取父辈的意见。可是，许宝心却觉得，自己并没有犯什么大错，自己所做的决定都是为了公司的利益，父亲这样说，只能证明他对自己还不够放心。

在代际沟通这件事上，许宝心的看法是：人与人的沟通应当是平等的，不分年代，都要相互聆听。在经验方面，老一辈确实有值得学习之处，但现在的世界变了，有些老办法未必行得通。所以，在某些情况下，老一辈人也应当跟随时代去学习和适应。年龄和想法的好坏之间不能画上等号，两代人成长的环境不同，各有各的优势，只有平等沟通才能找到更好的方案，无谓的执着只能是故步自封。

不过，许宝心对老一辈还是很尊重的，她觉得时时刻刻都该听取老一辈的意见，同时自己去思考，把自己的想法耐心地反馈给对方，让他们了解自己的思想。但这并不意味着，年轻人要盲目跟随长辈的意见。

对于家族企业未来的规划和发展，许宝心认为自己还年轻，接管业务时间尚短，此时谈传承还有点早。但她表示，家族企业的传承关键在于从小的教育，让继承者尽早接触家族企业是好事。两代人之间的关系，决定着接班顺利与否，双方都应当相互聆听，晚辈不能一意孤行，长辈也不能倚老卖老，限制年轻人的想法。对于年轻的接班人来说，他们需要尝试，只有不断地尝试，才能学习和成长。

礼法并重，增进少主老臣信任度

磨合，本是机械行业中的一个术语。新组装的机器在运行初期，各个部件之间都需要一段时间的接触、摩擦、咬合之后，才能更加密合，逐渐达到最佳的运行状态。人与人之间也是如此，无论是经营家庭还是企业，都需要有一个磨合期。只不过，"磨"是人与人之间的矛盾和冲突，想要达到一个"合"的状态，最终要在理念上趋同，并获得彼此的信任。

任何组织都会存在冲突，这是很普遍的事，区别就在于这种冲突是否可控、可管理。家族企业不同于一般企业，它的所有权和控制权会随着时间的推移而发生稀释、分散、分配和转移。当家族企业从一代交到二代手上后，不可避免的就是继任者与企业老人之间的冲突。

家族企业的冲突有其特殊性，也比较复杂。毕竟，这里牵扯到家族和企业两个组织，其原则和价值取向属于两个系统。

家族强调的是情感、稳定，企业则追求效率、盈利。在这一点上，家族企业的管理者有时会倾向于保守，而职业经理人则侧重于开拓。这样一来，冲突必然会发生。

与此同时，家族企业的冲突如果源自家族内部的两个成员，很难通过一方离开而化解。企业老人虽然未必拥有家族企业的所有权，可他们具有心理所有权，跟随一代创始人共同创业，使得他们也像家族成员一样。当二代与企业老人发生冲突，哪一方退出都会给企业带来损失。

虽说二代与企业老人之间的冲突是不可避免的，但这并不意味着事情无法解决。问题在于，要先搞清楚冲突属于哪一类型，再对症下药。通常来说，二代与企业老人之间的矛盾，主要体现在成长背景、知识结构、经营理念和管理模式上。

二代继任后，老人们不太认同新领导的战略目标和发展方向。事实上，这不全是坏事，适度的目标冲突，有助于提高家族企业的决策质量。可如果目标冲突过度了，就可能会因为意见难以协调而造成执行不力，甚至导致家族核心团队分裂。所以，对二代来说，如何把目标冲突维持在一个适合的范围内，是上任后的一大挑战。要让老人认同新战略、新目标，成为新团队的骨干，就需要二代不断提升自己的领导力。

不少二代接班人和其他家族成员在企业内担任高管职位，并不都是因为出色的能力，而有可能是由于血缘关系。因而，企业老人对于二代接班人的能力会存在质疑，在工作的过程中可能会出现抵制或不认同，特别是在管理制度和管理模式方面。如果处理得好，有助于企业管理的改进，可如果处理不当，就会导致工作效率降低，甚至团队分裂，继而使得接班失败。

如果企业老人与二代相处甚好，对企业的发展十分有利。一旦两者存在关系冲突，势必会导致员工关系紧张，使得不少员工把工作精力放在人际关系处理上，他们要考虑究竟站在哪一方的立场上。这种关系冲突，是造成企业内讧、派系斗争最重要的根源。究其原因，无非是历史遗留的家族利益和企业利益之间的失衡，以及接班人的人格特点、价值观以及企业核心文化的碰撞。对二代接班人来说，这种关系冲突是各种冲突中最为复杂和难处理的一个。

企业在交班期间是最脆弱的时期，刚上任的二代也需要企业老人的支持，倘若因冲突"赶走"所有的老人，传承很可能会失败。二代和老人之间的冲突，虽不可避免，但也不是无法减缓。

对刚接手企业的二代来说，需要全面深入地了解企业，包括各种明规则、潜规则、业务发展情况等，这个阶段很需要企业老人的帮助。尽管在这个过程中，可能会遇到不小的压力和阻力，但一定得摆正心态。其一，要深入地了解企业；其二，提高自身的业务能力和领导力，可以向老人学习经验，提升各方面的能力；其三，多一点包容和宽容。

当然了，要缓和和减少冲突，最重要还是真诚的沟通。先弄清楚发生冲突的真正原因是什么。比如，老人反对某个方案，他反对的究竟是这个方案本身，还是某个思路，或者新上任的领导？为什么要这样做？就这些问题，跟老人进行建设性的沟通，放弃旧的沟通模式，展开平等的对话。必要的时候，可以请顾问帮助双方掌握积极倾听的技巧，在沟通中让双方了解彼此的想法和感受。

总而言之，二代接班上任后，对待老人的问题，既要理性也要感性。一个真正成功的领导者，不仅仅要成为管理上的CEO，还要成为情感上的CEO。

多点体谅，多点同理心

西饼店是香港的一个标志性店铺，不管吃不吃，总少不了要接触。大班面包西饼店是1984年由郭鸿钧创立的，至今已经经营了30多年，算得上是香港的一家老店了。目前，企业已经传承到第二代，由郭勇维担任董事和业务拓展总监。

当年，郭鸿钧创办西饼店，原本只是为了支持朋友经营生意，为此，几个朋友就将集团命名为"鸿和集团"。在集团成立之初，郭鸿钧还有正式的工作，只是作为被动的大股东，在企业的决策上提供意见，直到20世纪90年代初，他才开始参与业务。

在郭鸿钧的带领下，大班西饼店一直在传统中不断创新，根据市场调整策略。20世纪90年代，他们研发了接近西式甜点口味的冰皮月饼，一经推出就大受欢迎。冰皮月饼的成功，让大班西饼店的品牌知名度和地位都得到了提升，为未来的发展奠定了基础。

郭勇维原本是从事传媒行业的，专注于财经新闻。后来，他意识到，企业的好坏不仅仅在于盈利，更在于让企业成为股东一生最好的投资。这个时候，他觉得大班西饼店能够让自己充分发挥才能，另外，也因为父亲十分劳碌，自己理应回到家族企业帮忙。父亲这些年早出晚归，父子间交流很少，回到家族企业，能够让父子俩多一点沟通机会，甚至可以通过工作来关心他。

父亲郭鸿钧有丰富的工作经验和技巧，郭勇维虽不是科班出身，但他有新的思维，能够更敏锐地察觉到经济有危便有机，在面对家族企业的挑战时，能够更加冷静地思考。比如，2003年香港遭遇"非典"，经济大受打击，而郭勇维那一年刚好进入大班西饼店。当时，皇家马德里球队应邀来香港进行表演赛，但因为经济不景气缺乏赞助商，郭勇维当即提出成为赞助商。结果，大班西饼店的知名度进一步得到了提升。

对郭家父子来说，接班的过程中遇到最大的困难，恐怕就是对待企业老臣的问题了。郭勇维回到家族企业后，也会跟上一代管理层中的核心人物产生意见分歧，但是他并未沮丧，而是选择了换位思考，秉持一份同理心，去体谅这些老臣的做法。

有一次，大班西饼店对一款月饼的礼盒设计进行了较大的改动，从传统鲜艳的配色，改成白色为主配以金色花纹的简约风，这个设计大受好评，突破了传统的设计，让企业的形象更加鲜明。可在推行设计时，上一代的管理层却不完全接受，他们认为设计过于朴素。可是，郭勇维知道，年轻人现在更能领略简约配色的美感。所以，对于上一代的反对意见，他并没有过分在意，因为知道这是时代不同、审美不同导致的，而不是

多点体谅，多点同理心

针对他个人。

郭勇维劝勉和他一样的二代,在遇到意见分歧时,没必要认为是自己被否定了,要充分接受意见分歧,包容各方的意见,这是家族企业必须要做的事。要知道,家族企业的寿命,肯定比每一代管理者的寿命都长,两代一时的争执是微不足道的。只要最终的结果,能让家族企业发展得更好,自己参与企业的价值就得到了验证。品牌的发展,永远比个人的荣辱、权力更重要。

建功立业方显接班人权威

宁波华茂集团创立于1971年,历经三次战略转型和三次体制改革,从集体制企业变成家族企业。2000年,华茂集团集团陷入了一场跨国官司,掌门人徐万茂赴美处理几十场官司,企业遭遇了前所未有的危机。在内忧外患之下,徐万茂衡量再三,决定让26岁的儿子徐立勋回来接任副总经理。年轻的徐立勋临危受命,成为父亲授权的企业指定代理人。

对于接班之事,每个家族企业的继承人都会面临巨大的压力,这种压力不仅仅是担负企业发展的责任,还有如何在企业的老员工面前树立自己的权威。徐立勋也遇到了这样的困境,华茂集团的运作并未因为他的到来而发生变化,大家似乎并不认可这位代理掌门(企业未来的接班人),老员工还是习惯性地听命于身在美国的徐万茂,甚至连汇报工作都会跨过徐立勋，直接去找徐万茂。这样的处境，让徐立勋进退两难。

有一次，徐立勋打算开拓福建市场，就派了一位老员工去。老员工表面上同意，可私下去找徐万茂商议，说开发福建不如开发上海。徐万茂认为有理，表示支持。结果，先赶到福建的徐立勋等了许久也不见那位员工，之后才反应过来，他是被放了鸽子。

这件事的发生，直接引爆了他和父亲之间的矛盾。徐立勋跟父亲争吵不断，接受美国现代管理教育的他坚信组织只能有一个指挥，可父亲却认为他刚刚接管企业，还需要外部力量的辅助。因为这一冲突，徐立勋差点离开公司，放弃接班。

其实，发生这样的情况也属正常。毕竟，徐万茂在创业过程中一直是企业的引领者和决策者，员工们对他的信任和忠诚是徐立勋无法取代的。即便他继承了领导者的位置，获得了职位上的权力，可权力并不等于权威。在不少老员工眼里，接班人只是一个坐享其成的不劳而获者，他是凭借血缘关系坐上了这个位置，他凭什么享受创始人多年来呕心沥血的果实呢？

让徐立勋跟父亲产生矛盾的是，他已经被指定为企业的代理人，可父亲却依然干预他的计划和决策，让公司的控制权变得模糊不清。这也在无形中给徐立勋带来了压力，他刚上任还没建立起自己的权威。

幸运的是，徐立勋很理性，没有埋怨。他在跟父亲怄气过后，明白了一个事实：要想在企业中树立自己的权威，就必须要老员工信服，这种信服不是口头上的，而是发自内心的认可。如何做到呢？只有实打实地去干，用业绩证明自己。

面对老员工对自己的轻视，徐立勋不再自乱阵脚，而是专注于创造业绩。他先对有疑虑的父亲说出自己的想法，作出入股宁波银行的重大决策。之后，他又瞒着父亲，动用了一亿元资金悄悄地进入股市。最后，宁波银行和股市的收益覆盖了公司60%的利润，这两个举动让徐立勋获得了企业内外的一致认可。

至此，老员工们开始对徐立勋刮目相看，不再把他视为有名无实的"公子哥"，而是认真地听取他的建议。徐立勋终于能够强势地进行公司战略调整，形成自己的一套办事原则，真正地掌控华茂，确立自己的二代掌门人的地位，全面建立起自己的职能权威。

权力是能够传承的，但权威无法传承，这是企业传承路上的一块试金石，考验着接班人的能力，也促进着接班人的成长。在面对老臣的"不配合"时，意气用事是无效的，唯有锤炼自己的实力，用业绩证明自己配得上继任者的职位，才能够赢得众人的肯定。

日本老铺处理少主老臣关系的智慧

二代接班人如何与企业老臣相处，发生矛盾后要如何解决，并不只是国内家族企业才关心的话题。不管是哪个国家，哪个家族企业，都要考虑和处理这一难题。我们看到日本有不少的百年老铺，事实上，它们也面临着同样的问题。

日本老铺中的那些老臣们，曾经跟随第一代创始人历经千辛万苦，才创下了今日的辉煌。在传承之际，突然要他们面对一个可能连业务都不熟悉的年轻人，并且听从他的指挥，老臣的心里自然会感到不舒服。这个时候，如果二代和老臣之间的关系僵硬，出现信任危机，发生不配合的情况，企业很有可能会迅速走向衰败。

不过，我们也看到了，日本拥有全世界数量最多的老铺，在接班传承方面可谓经验丰富。那么，他们在处理二代与老臣的关系上，有什么特别的智慧吗？

其实，这个问题真的是仁者见仁，智者见智。在这里，我们可以简单介绍一些日本老铺的做法，也许会对国内的家族企业有所启发。

不少日本老铺为了下一代在接班时能够得到老臣的辅助，通常在后代很小的时候，就会让他们跟老臣接触。一边教育后代要尊重老臣，一边也让老臣们意识到，少东家迟早有一天是要继承企业的。这样的话，就等于让老臣看着少主长大，彼此之间会提早建立起感情和信任，并对各自的性格、做事风格有所了解。待到少主接班时，就能减少冲突和摩擦。

还有一些老铺的掌门，为了让老臣接受和认可继承者，会让后代在接班之前，长期在家族企业的基层工作，进行各种磨炼。比如，创建于1624年的团扇和舞台道具的专业制造商小九屋，现任第十代社长住井启子从小就在家族企业里工作，各种工作都能应付得来。在她接手家族企业之后，公司的师傅们对她都很信赖，也很配合。原因就在于，师傅们看到了她有足够的能力，打消了内心的质疑。

此外，也有一些老铺为了让接班人短期内能够得到老臣的认可，在他们进入家族企业之后，就鼓励他们去开拓新事业，在新事业获得成功后，老臣们就无法再对接班人的才能评头论足。因为，在耀眼的业绩面前，任何的猜疑都是苍白的，而接班也是水到渠成之事。

从上述的这些介绍中可知，日本老铺很重视接班人与老臣之间的关系，对于这个问题没有所谓的"最佳策略"，但有一个共通点：提前思考和设计传承计划，未雨绸缪。

后 记

家族传承是全世界都在研究的一个重要课题，对于传承的模式、财富的分配、精神的延续，有太多值得写的内容。以至于，这本稿子写到最后，笔者发现依然有很多的内容未能表述出来。鉴于篇幅有限，考虑到出版要求，也只能就此搁笔了。

任何一本书的写作，都建立在许多人的研究成果之上。本书在撰写的过程中，笔者参阅了大量的资料，包括图书、网络、杂志、论文等，所参考的文献附注在书后的"参考文献"中，感谢这些研究者为家族企业传承这一课题所作的努力，如有遗漏，还望谅解。本书尽量将现实案例重现，在解析方面略显单薄，如若读者在阅读过程中，有不足之处，敬请指正。

附：参考文献

1. 《家族企业》杂志
2. 中国企业传承网
3. 爱学术
4. 搜狐网
5. 豆丁网
6. 网易
7. 个人图书馆
8. 知乎